SHODENSHA SHINSHO

と粒五万円！」

界一のイチゴの秘密

拓

祥伝社新書

まえがき

「ひと粒五万円のイチゴ」と聞けば、いったいどんなイチゴなのか、他のイチゴと何が違うのか、そしてそれを買う人がいるのか。多くの人は同じ疑問を抱くはずだ。

問題のそのイチゴは「美人姫《びじんひめ》」という。美人姫は、他品種の追随を許さないほど巨大で、初めて見る者は必ず目を見開いて、驚きの声を発する。これがイチゴなのだと、頭を整理して理解するのに、いくばくかの時間がかかるほどである。

しかし、ただ大きいだけで「ひと粒五万円」の値段がつけられているわけではない。食べてみると、これまた抜群においしいのだ。美人姫は、現時点では、間違いなく日本一のイチゴであると断言できる。少なくとも筆者はそう確信している。

筆者は、美人姫の秘密を探るべく、それが栽培されている岐阜県羽島《はしま》市に何度も足を運んだ。本書の第一部では、美人姫の誕生から栽培技術、販売方法まで、できる限り詳しく紹介してみたいと考えている。

しかし、正直なところ、取材を進めるうちにいちばん驚いたのは、美人姫そのものよりも、たった一人で品種改良によって美人姫を作り出し、その販売に奮闘努力してきた生産者のチャレンジ精神のほうだった。彼はさまざまなアイデアを発案しては自ら実行し、失敗を繰り返しながらも、一歩一歩成功への道を歩んできた。しかも、チャレンジを始めたのが、彼が五〇歳のときだったという点にも、筆者としては尊敬の念を禁じ得ない。

彼がたどってきた道程を詳しく紹介したので、農業に限らず、そこに何かしら成功へのヒントとか勇気とかを見出していただけたら、筆者としては望外の喜びである。

ちなみに、本文中で筆者は美人姫を「日本一のイチゴ」と述べているが、本書のタイトルが「世界一のイチゴ」になっているのは、日本のイチゴ（に限らず多くの果物）の品質が総じて世界で最も優れているのだから、「日本一」はすなわち「世界一」に他ならないという編集部の意見によるものである。

一方、第二部では、「ひと房一〇〇万円」という、これまた目玉が飛び出るような高額なブドウ「ルビーロマン」の開発と販売の話を取り上げた。

ルビーロマンは石川県の農業試験場（石川県農林総合センター）が育成した品種で、それを県内大半のブドウ農家が栽培し、農協が品質検査や販売計画の作成などを担当して、県ぐるみで高級ブランド化を進めているものである。

近年、イチゴやブドウに限らず、マンゴーや柿、桃、スイカ、そしてミカンに至るまで、あらゆる果物に高級ブランド品種が登場し、マーケットにおける覇権争いをしているが、それらのほとんどはルビーロマンのように県ぐるみ、あるいは地域ぐるみのプロジェクトとして取り組みがなされている。

ルビーロマンをその代表として、一人の生産者が何もかも背負ってやってきた美人姫と対比させる意味で、第二部で取り上げたのだが、もちろんどちらが良くて、どちらが悪いといった類《たぐい》の話ではない。両者の違いをそのまま知ってもらいたいだけである。

なお、ルビーロマンの取材に当たっては、石川県農林総合研究センターにひとかたならぬご厚意をいただいたことを、この場を借りてお礼申し上げる。

二〇一六年皐月

白石《しらいし》 拓《たく》

目次

第一部　「ひと粒五万円のイチゴ」美人姫

第一章　理想のイチゴを求めて

第二章　高級ブランド果物の戦国時代

第三章　美人姫の誕生

第二部　「ひと房一〇〇万円のブドウ」ルビーロマン

第六章　巨大な赤色ブドウを！

第七章　石川県の夢と希望

第一部 「ひと粒五万円のイチゴ」美人姫

第一章 理想のイチゴを求めて

大切な人への贈り物

二〇一四年の一月、とっくに陽《ひ》が沈んだある日の夕刻に、奥田《おくだ》農園の固定電話が鳴った。

事務所を兼ねた作業小屋で出荷作業に追われていた奥田美貴夫《みきお》は手を止め、受話器を持ち上げた。

「今すぐ包んでもらえるものがありますか？　なるべく大きな粒《つぶ》が欲しいのですが」

中年女性と思《おぼ》しき声の主《ぬし》は、言葉は丁寧だが、とても急いでいるようすだった。

奥田は、突然の注文にも快《こころよ》く応じた。こんなことはしょっちゅうなのだ。

「何個ぐらいご入り用ですか？」

「いくつでもいいんです、とにかくいちばん大きなイチゴをお願いします。金額もおまかせします」

「わかりました。五〇〇〇円のセットだったらご用意できますが？」

「それで結構です。熨斗《のし》は〈お見舞い〉でお願いします。三〇分ほどで取りに行きます」

奥田がイチゴを選び、化粧箱に詰め終わったところに、一台の軽自動車が水しぶきを散らせて止まった。奥田が想像したとおりの年格好の女性が、ワイパーを動かしたままで運転席から降りてきた。

奥田が熨斗を巻いているのを待つ間、女性は、実家の母が高齢で病床にあり、そろそろ危ないこと、その母がイチゴを食べたいと言っていることなどを手短に説明した。

そして、美人姫《びじんひめ》を受け取ると、それを後部座席に置き、再び車に乗り込んで来た道を戻っていった。雨は小降りになっていたが、新しい轍《わだち》にたまった泥水がピチャピチャと音を立てていた。

一週間ほど経《た》って、同じ女性が再び農園を訪れ、先日の礼を述べた。

「ひと口だけ食べてくれました。あー、おいしいと微笑《ほほえ》んでくれたんですよ」

美人姫が最後の食事になったという。故人は生前から美人姫が好きで、食事がまったく取れなくなったというのに、あの日唐突にイチゴが食べたいと言い出し、娘が大急ぎで買いに来たのだった。

「今日は、霊前に供《そな》えようと思って買いに来ました。熨斗はいりません」

奥田はお悔《く》やみを言って、心で手を合わせた。

見舞いに持参する果物と言えば、一時はメロンが代表的な品だったが、今ではイチゴが多いという。奥田農園の場合、美人姫が誕生してからとくに増えた。

美人姫は果肉がほどよい柔らかさで、果汁が多くジューシーなので、食べやすい。また、甘いだけのメロンに比べて、ほのかな酸味が加わったイチゴは、後味がさわやかだ。そして、甘酸っぱい香りと艶《つや》やかな赤色にも誘われ、病人でもイチゴなら食欲がわくのだろう。

美人姫に限ったことではないが、イチゴはやっぱり神様がくれた果物かもしれないと、奥田は改めてそう思った。

総じて子どもはイチゴが大好きだ。そして、人生の最期に口にしたい食べ物ということであれば、まさに揺りかごから墓場までで、こんな果物が他にあるだろうかと思う。

「イチゴを作ってきてよかった」

奥田はつくづくそう思った。美人姫を作り始めてからというもの、そう思うことがとみに増えてきた。

美人姫は、お見舞い品に使われるだけではもちろんない。イチゴの派手な赤色は、病人を元気づけ、気持ちを明るくさせるものの、どちらかというと「晴れの舞台」にこそよく似合う。

　美人姫は誕生日や結婚式、出産などのお祝いやクリスマス、雛祭りなどの贈答品に選ばれることが多い。とりわけ女性への贈り物として買い求める人が多く、ホワイトデーのお返しや結婚記念日のプレゼントに使われたりもする。

　一度は、プロポーズのときに指輪と一緒に渡したいという若者もやってきた。ただ、その後若者は農園に現われていないので、求婚が成功したかどうかはわからない。

　さて、美人姫は奥田が育種（品種改良のこと）して作った独自のイチゴ品種である。最近テレビや雑誌で「ひと粒五万円」の超高級イチゴとして取り上げられることが増え、全国的に知名度が上がってきた。

　ひと粒五万円といっても、それは粒の重さがおよそ八〇グラムを超える最高級品に限ってつけられている価格で、そんな大粒は一年にそう何粒も穫《と》れるものではない。美人姫でいちばん多く穫れ、奥田農園の経営を支えているのは、家庭で食べられる一パック数百円の商品である。

ただし、一パック数百円の品も、ひと粒五万円の品も、粒の大小で区別されているだけで、どの美人姫も味や風味にほとんど変わりはない。どれも最高の遺伝子を持つイチゴなのである。

日本一のイチゴのおいしさ

美人姫がどんなイチゴなのか、筆者が実際に食べた感想を率直に述べたい。

まずは外見から。美人姫は鮮《あざ》やかな赤色をしているだけでなく、まるでワックスを塗ったかのような照りがあり、つやつやしている。他の品種では同じ赤色でもカーキ色っぽかったり、ちょっと赤黒かったりするものも多いが、美人姫は鮮やかな赤色だ。

また、他品種には実《み》のヘタに近いところや裏側に白い部分が残っているものを見かけることがあるのだが、美人姫はどれも全面が真っ赤である。実全体を赤くするのには、ちょっとした栽培テクニックがあるという。一般に、赤いところに比べて、白い部分の甘さは弱い。

その甘さだが、美人姫はイチゴの中ではトップクラスである。糖度が一三〜一六度あり、これはメロンやマンゴー並みである。

そこにイチゴらしい酸味が加わり、甘味と酸味が絶妙なバランスを保っている。これ以上どちらを強くしてもだめなのだろう。とにかく抜群においしいのだ。

ちなみに、イチゴの一般的な食べ方として、ヘタのほうが甘さが弱いので、ヘタから先端に向けて食べたほうが最後までおいしく食べられる。

続いて「食感」はといえば、肉質は硬くもなく、さりとて柔らか過ぎず、歯触りがちょうどよい。高齢者でも難なく噛《か》めることは、歯の弱った八三歳になる筆者の母が証明済みである。

そして、美人姫にかぶりつくと、口から汁があふれ出すほどジューシーで、イチゴの風味が口内いっぱいに広がる。

また、噛み口の断面を見ると、美人姫は中身も赤い。他の品種では中身が白っぽいものも少なくないが、美人姫の場合、赤い果肉が風味をいっそう豊かにしているのだそうだ。

このように紹介すると、あまりに褒《ほ》めすぎじゃないかと言われそうだが、誇張しているわけではない。それに、見た目の美しさや甘さに関していえば、他品種にも同程度に高品質のものもある。総じて、今の日本のイチゴはレベルが高い。

しかし、何より美人姫を有名にしたのは実の大きさである。これだけはけっして他品種の追随を許さない。

今、大粒で有名なイチゴといえば「あまおう」だろう。〈あ〉かくて、〈ま〉るくて、〈お〉おきいことからその名がついたあまおうは、甘くて粒が大きいことで人気の品種である。

あまおうは、収穫された実のうち二〇グラム以上の粒が三五パーセントほどを占める大粒種であり、三七グラム以上の粒を最上級規格にしている。あまおう以外の品種では、ふつう大粒と言われるものでも重さは一五～一八グラムほどなので、あまおうはその一・五倍から二倍も大きい。

なお、高級ブランド果物は農協などの出荷元が独自に規格を決め、等級を振り当てて出荷されることが多い。イチゴの場合は通常、実の大きさと形の良さで等級が決められる。

あまおうも大きいが、美人姫は別格である。三七グラムでも贈答用高級規格では最低ランクのサイズに過ぎないという、とんでもない大きさを誇る。

数百円で販売されている美人姫のプラスチックパック商品でも、三〇グラム級の粒が当たり前に入っており、贈答用の最上級規格は八〇グラム以上。あまおうの二倍以上、他品種の四～五倍にもなる巨大さなのである。

美人姫の最大記録は、三シーズン前に穫れた粒で、じつに一一四グラム！　もはやイチゴというよりトマト並みのサイズである。そのシーズンは当たり年で、一〇〇グラム級の実が五〇個以上収穫された。一〇〇グラムを超えると、イチゴの大きさはおよそ縦八・五センチ、横六・五センチにもなる。

実は、単なる大きさでいえば、二〇一五年一月に福岡市であまおうの超巨大な粒が収穫された。その粒はなんと二五〇グラムもあり、「世界一重いイチゴ」としてギネス記録にも認定された。

もちろんそれはすごい記録なのだが、しかし、できた超巨大イチゴはいくつかの実がくっついた岩のような形をしており、どう見ても奇形であって、少なくとも食欲をそそるものではなかった。

奇形もそうだが、一般に大粒のイチゴには平べったいものが多い。それに対して、美人

美人姫でこれまで最大の粒は3年前に収穫された114g（ただし、写真は本物とそっくり同じに作られたレプリカ）

桐箱に詰められたEセット（1万円）。粒はすべて45g前後

姫は一〇〇グラム級でも小さなサイズの粒とほとんど変わらない、丸くて先のとがったイチゴらしいきれいな容姿をしているのだ。

とまあ、こんな具合に美人姫は優《すぐ》れた特徴をいくつも持っているのだが、奥田自身が自慢に思っていることは他にもあり、それは後味だという。

「甘いだけのイチゴなら、誰でも作れる」

と奥田は言う。しかし、食べたあと口の中にしばらく残るイチゴのさわやかさ、この後味はなかなか出せないらしい。

もっとも、筆者が美人姫でいちばん驚いたのは、実の巨大さを除けば、イチゴ特有の甘い香りがとても強いことだった。これほどまで匂い立つイチゴに、今まで出会ったことがない。

奥田農園の事務所兼作業小屋（以下、作業小屋）では、収穫したイチゴを選別、梱包《こんぽう》、出荷の作業をしているのだが、筆者が初めて作業小屋に入ったとき、小屋に充満する美人姫の香りに包まれて、何とも幸せな気分になった。

筆者だけではない。筆者が作業小屋で奥田の話を聞いていたときに、幼い兄妹の手を引いて若い夫婦がやって来た。子ども二人は小屋の中に足を踏み入れるなり、「あまーい」と歓声を上げた。そして、梱包前の美人姫に顔を近づけて、うれしそうに鼻をクンクンさせたのだった。

イチゴに決めた!

美人姫を栽培している奥田農園は、岐阜県羽島《はしま》市にある。羽島市は人口が約六万八五〇〇人、農業の他、歴史的に繊維産業が盛んな土地でもある。

羽島市といってもぴんとこない人も「岐阜羽島」と言えば、東海道新幹線の駅名だと思い当たるはず。岐阜羽島駅は名古屋駅と米原駅の間にあり、「のぞみ」は素通りするものの、「ひかり」の一部と「こだま」が停車する。

羽島市のある岐阜県南部はかつて美濃《みの》と呼ばれ、戦国時代には天下統一の舞台になったことは改めて言うまでもないだろう。羽島市にも当時はいくつか城があり、現在は城碑を残すのみだが、数々の戦記にその名を留めている。

中でも竹鼻城《たけがはなじょう》(または、竹ヶ鼻城)は、一五八四年に小牧《こまき》・長久手《ながくて》の戦いの際に羽柴秀《はしばひで》吉《よし》の水攻めで落城したことで知られている。その後、関ヶ原の戦いのときも、竹鼻城で前哨戦が繰《く》り広げられ、激しい攻防の末、一六〇〇年、ついに焼け落ちた。その関ヶ原は、羽島市から二〇キロメートルばかり西へ行ったところにある。

奥田農園の主《あるじ》である奥田は六二歳。代々続く専業農家の次男として、昭和二八年岐阜県羽島市（当時、羽島郡正木《まさき》村）で生まれた。

奥田の父は米作をしながら、畑でトマト、キャベツ、ジュウロクササゲなどの野菜も栽培していた。ジュウロクササゲはマメ科の植物で、三〇～四〇センチもある巨大なさやの中に豆が一六個入っていることからその名がついた、地域の伝統野菜である。岐阜県と愛知県でよく栽培されており、ゆでて食べられている。

ただし、父はイチゴは作っていなかった。

奥田は地元高校を卒業後、農業に就《つ》くことを決め、父を手伝って田畑の作業に勤《いそ》しんだ。その父が奥田が二一歳のときに病《やまい》に倒れたため、三歳年上の長男が田を継ぎ、奥田が畑を受け継いだのだった。なお、父はその後快復し、現在も健在である。

奥田は畑を継いだものの、父のやってきた野菜作りをそのまま続ける気はなかった。父は家族を養うために、本業として米を作る傍《かたわ》ら野菜を栽培してきた。その野菜畑だけをもらって、父と同じ作物を作っていたのでは、将来自分が家庭を持ったときに家族を食べさせていけるとは、とうてい思えなかったからだ。

それに、奥田には忘れられない父の言葉があった。奥田がまだ小学生だった頃、父がミゼットで帰ってきて、近寄ってきた奥田の頭を抱きながら、しみじみと言ったのだ。ミゼットとはダイハツ工業製の三輪軽トラックである。

「美貴夫、ここの荷台にキャベツをいっぱい積んで、なんぼになると思うか。一万円になるときもある。だが、今日は三〇〇円にしかならなかった。それが百姓の仕事やぞ」

父は、農業が相場しだいの仕事であることを言いたかったのだろう。

だが、当時の奥田にはそこまではわからず、キャベツのあまりの安さだけが衝撃的に響いた。トラックの荷台には一〇〇個や二〇〇個のキャベツが積めるはずである。

「父ちゃんがあんなに手間をかけて育てているのに、安すぎるじゃないか」

奥田の小さな心に悔《くや》しさがあふれた。

畑を継いで独《ひと》り立ちするにあたって、奥田はあのときの父の話を思い出していた。とにかく、値の張るものを作ろう。奥田はそう決めていた。そして、それには果物しかないと考えていた。

昔、このあたりでは何度も堤防が決壊し、一帯に砂が流れた。そのため、付近の農家には砂地に適したブドウや桃の栽培に挑戦したところがあったものの、どちらもうまくいかなかった。水はけがよさそうに見えても、実際はそうでもないのだろう。奥田は果物の中ではメロンも好きだったが、これも水はけのよい土地でないと甘さが出ないため、選択肢からはずした。

羽島市は木曽《きそ》川と長良《ながら》川にはさまれた、いわゆる「輪中《わじゅう》」が発達した地域にある。輪中とは、木曽川と長良川、そして揖斐《いび》川を含めた木曽三川《さんせん》の流域で、土地が川より低く、頻発する洪水から集落や農地を守るために、古くから堤防でまわりを囲んで水防に努めてきた地域をいう。

羽島市近辺は洪水に苦しめられてきた半面、山から流れた土壌が養分に富み、水も豊かなために、それらを活《い》かした米作が盛んで、野菜ではレンコンが特産である。

奥田の目に留まった果物はイチゴだった。市内にイチゴのビニール栽培を始めていた農家が何軒かあったのだ。当時は静岡県の石垣《いしがき》イチゴが全国的に有名で、近所に静岡でイチゴ栽培を勉強してきた人がいた。石垣イチゴとは品種名ではなく、石垣を組んで栽培する方法をいう。

ただ、当時のイチゴは生食するのに練乳（コンデンス・ミルク）や砂糖が必要だったくらい、甘さが足りず、酸っぱさが立っていた。とはいえ、さわやかな風味が受け、ケーキや洋菓子などの業務用として、あるいはジャムや飲料などの加工用として、イチゴの需要は伸びていた。

筆者は子どもの頃、牛乳の中に落としたイチゴをスプーンの裏でつぶし、砂糖を加えてかき混ぜた手製のイチゴ牛乳がお気に入りだった。

奥田はイチゴ農家を訪ねて、イチゴを見せてもらった。緑の葉っぱの間から可愛《かわい》らしい赤い実が顔を出していた。

「イチゴを見たとき、きれいだなあと思ったんですわ。それに高級感もあった」

「羽島の土壌にも合っている」と、イチゴ農家の主人が言ったという。それを聞いて、

「イチゴにしよう！」

奥田はイチゴを栽培することに決めた。二一歳のときだった。

あれから四二年。酸っぱいだけだったイチゴがこんなに甘くておいしい果物になるとは、当時の奥田も想像すらしていなかっただろう。

失敗続きの駆け出しの頃

「岐阜県」と聞いて「イチゴ」を連想する人は少ないだろう。筆者などはこれまで「岐阜県＝柿」のイメージしかなかった。

それもそのはずで、岐阜県のイチゴ収穫量は二八二〇トン（二〇一四年度）で、全国第一三位に甘んじている。一三位がそこそこの順位だと思う人もいるかもしれないが、収穫量を比較すると、岐阜県は全国一位の栃木県（二万五四〇〇トン）の九分の一に過ぎず、第二位の福岡県（一万七二〇〇トン）と比べても、六分の一に満たないのだ。

それに対して、柿の収穫量は全国第五位であり、岐阜県の果樹栽培農家のうち約七割が柿を栽培している。加えて、北は新潟、南は九州までの広い範囲で栽培されている有名品種「富有《ふゆう》」の発祥が岐阜県ということもあり、どうしても岐阜県と言えば柿が思い浮かぶのだ。柿の栽培は、羽島市より北の、山に近い地方で盛んである。

ちなみに、イチゴを「神様がくれた果物」と先述したが、じつは柿こそそう表現されるべきかもしれない。というのも、柿の学名は「ディオスピロス・カキ」といい、「ディオスピロス」とは古代ギリシャ語で「ゼウスの小麦」、転じて「神の食べ物」を表わすからである。

しかしとにかく、奥田は羽島市の風土との相性や、将来性も踏まえて、イチゴ栽培を始めた。経験のなかった父に教えを請《こ》うことができなかったとはいえ、まわりには頼れる先《せん》達《だつ》がいる……はずだったのだが。

「イチゴ作りを教えてくれる人なんて、ほとんどいなかったんですわ」

もちろん、先行するイチゴ生産者からアドバイスをもらったことが皆無というわけではなかった。が、農家は歴《れき》とした独立事業者であり、はっきりいえば他の生産者はライバルである。そのため、本に載《の》っているような常識的な知識は披露しても、生産者が自分で見つけた栽培のコツを教えてくれたりはしない。

とくに技術の向上に努めている生産者ほど、努力して得た自分だけのノウハウを、ライバルである他の生産者に伝授したりしないものなのだ。核心に触れるような質問をすると、答えをはぐらかされるのはまだ良いほうで、中にはとんでもない嘘をつく人もいたという。

結局、自分で試行錯誤していくしかない。奥田はそう悟って、手探りでイチゴ栽培を始めたのだった。

しかし、いくら野菜栽培の経験が三、四年あるからといっても、イチゴでもその手法が通用するかどうかは未知数だった。ただ、イチゴも学術的には果物ではなく、野菜の仲間。そういう意味では、奥田が栽培する果物に（本当は野菜の）イチゴを選んだのはまだよかったのかもしれない。

果物と野菜の違いは、簡単に言えば、樹木になる実が果物で、草になる実が野菜である。イチゴ同様に、メロンやスイカも本来は野菜である。農林水産省の生産・出荷の統計でも、柿やリンゴ、梨などの栽培データが「果樹生産出荷統計」に収められているのに対して、イチゴ・メロン・スイカは「野菜生産出荷統計」に収録されている。

もっとも、世の中には専門家でも樹木か草か判断に迷う植物もあり、学問的にも樹木と草に厳密な線引きができているわけではない。農林水産省では、イチゴなどを「果実的野菜」として扱っている。

イチゴが野菜でも果物でも、やっぱり初めての作物を作るのは難しかった。奥田は失敗を繰り返しながら栽培を続けていった。

奥田を悩ませたのは、なかなか大粒の実が揃《そろ》わないことだった。小粒ばかりが多くてはまともに出荷できない。かといって、大粒に太らせることだけを狙ってやったのでは、実の着色が悪くなったり、形がきれいに整わなくなったりしてしまう。思うように良質の品を確保できないシーズンが続いた。

とくに、ビニールハウスでの栽培が奥田にとって初めての経験だっただけに、暗中模《あんちゅうも》索《さく》の日々が続いた。ハウス栽培は、温度や照光を人為的に操作することで、露地ものより収穫時期を早めるために行われる。

イチゴは今、冬に最もたくさん出回っているが、露地で実をつけるのは春から初夏にかけてである。本来、冬はイチゴの休眠期間。それを需要が高まるクリスマスシーズンに合わせて出荷できるよう導入されたのがハウス栽培で、いわゆる促成栽培というやつである。それが全国に広がったために、イチゴが冬の果物のようになったのだ。
現在、全国的にイチゴの露地栽培は激減し、ほとんどがハウス栽培だが、四〇年前から
すでにハウス栽培は珍しくなかったのだ。

山上げと山下げの苦労と工夫

奥田に限らず、当時（一部は現在も）イチゴハウス栽培で生産者に重労働を強《し》いたのは、山上げ・山下げの作業だった。山は麓《ふもと》より気温が低い。それを利用して、夏に苗を山に運んでおよそ一カ月ほど冷やし、イチゴに秋・冬が来たと勘違いさせるのだ。そして、初秋に山から下ろすと、苗は春が来たと信じて、花を咲かせ、実を結ぶのである。

奥田は、羽島市から北へ一〇〇キロほど行ったところにある、ひるがの高原へイチゴの苗を運んだ。標高約一〇〇〇メートルのところに、自治体が貸してくれる仮植えのための畑があり、麓より気温が六〜七度ほど低かった。

ひるがの高原は山上げには適していたものの、片道、車で三時間半ほどもかかった。しかも、一回で済むならまだしも、何回かに分けて運ばなければならなかった。というの

も、一度に山上げ・山下げしたのでは、ハウスに定植したときに一斉に花が咲き、一斉に実を結んでしまう。つまり、収穫時期がすべての苗で重なってしまうことになり、出荷に甚《はなは》だしく支障が出るのだ。

そのため、山上げ・山下げは数日をずらしながら何回にも分けて行なわなければならず、うんざりするほどの手間だった。

奥田は、ひるがの高原に十数年通い続けた。ところが、しだいに思ったほど気温が下がらない年が出てきた。すでに地球温暖化の影響が徐々に出始めてきていたのかもしれない。そこで、もっと標高の高い場所を求めて、山上げの場所を高根村《たかね》に変えた。

高根村（現、高山市高根町）は、映画『あゝ野麦峠』（同名の原作は、山本茂実《やまもとしげみ》著）の舞台の一つとなった山村である。『あゝ野麦峠』は、大竹しのぶが主演し、一九七九年に封切られてヒットした作品。戦前、飛驒地方の貧しい農家の娘たちが険《けわ》しい野麦峠を越え、長野県の製糸工場に女工として出稼ぎに行った実話をもとにしたストーリーなのだが、その野麦峠のすぐ近くに畑があり、標高は一五〇〇メートルを超えていた。

高根村はひるがの高原より、さらに三度ほど気温が低く、夏でも朝夕の冷え込みが強かった。山上げには都合がよかった半面、羽島市内からの距離がもっと遠くなった。高速道路がまだない時代、険しい山道もあり、片道六時間もかかったのである。

高根村の畑では、思いがけない災難にも見舞われた。ある日、苗を積んで山に登ってきたとき、その夏に植えた苗が全部消えていたのだ。誰かが苗を盗んでいったのか、それとも悪質ないやがらせか。

畑を管理していた県農業試験場の担当者と一緒に調べたところ、小動物の足跡がそこかしこに見つかった。犯人は野ウサギだった。

これには管理担当者も驚いた。これまで何十年も畑を管理してきたが、野ウサギによる被害など一度も起こったことがなかったからだ。すぐに柵《さく》と網《あみ》が設置されたが、野ウサギもあきらめきれなかったのか、翌日には木の柵を齧《かじ》った跡がいくつもついていた。

奥田は昔を思い出して、「イチゴの苗がよほどのご馳走だったのだろう」と笑うが、当時は泣くに泣けない気持ちだったという。

しかし、奥田は転んでもただでは起きなかった。イチゴの苗を野ウサギに食べられたことがショックだったのは、山上げの苦労が水の泡になってしまったからだった。それじゃあ、山上げの苦労そのものを小さくすればいいじゃないか、と考えたのである。

もちろん、改めて一から苗を作り直さなければならないことも手間だったし、そのことで栽培期間が後ろにずれてしまうことにも不安があった。とはいえ、いちばん気が滅入《めい》ったのは、それまで繰り返してきた農園と山との往復がすべて無駄になってしまったことだったのだ。

奥田が考えついた策は、苗を取る作業を農園ではなく、山で行なうことだった。

イチゴの苗は、ランナー（匍匐茎《ほふくけい》）と呼ばれる特別な茎《くき》で増やす。イチゴの株からランナーが何本も伸び、その先端にある芽《め》が地面につくと、そこから根と茎が出て新しい苗が成長する。そして、根と茎がある程度成長してから切り離すと、それが新しい株になる。

このとき、ランナーをカットするのが早すぎると、根や茎は枯れてしまう。

新しい株は、親株のゲノムとそっくり同じ遺伝子を持つクローンである。ゲノムとは、個体が持つすべての遺伝情報をいい、クローンはいわば一卵性双生児である。種子《しゅし》から育てたのでは、種子の遺伝子は父株と母株の遺伝子が混ざっているため、両親が同じ品種であっても、子株は父とも母とも異なる遺伝子を持つ別種になってしまうのだ。

なお、イモや竹なども、イチゴと同じようにランナーで増えていく。このように、花粉とめしべの受粉によらずに増えていく仕組みを一般に「無性生殖」といい、イチゴ、イモ、竹のように茎や根などから新しい個体ができる場合を、とくに「栄養生殖」という。

ランナーからの苗取りを奥田農園内でなく山で行なえば、農園と高根村を往復する回数が減る。もちろん、山に泊まり込む必要があるものの、そうすることで移動に費やす時間がなくなり、却《かえ》って体が楽になるし、ガソリン代の節約にもなる。

奥田は自分のことながら素晴らしいアイデアだと思わず手を打ったが、びっくりしたのは県農業試験場だった。そんな前例は一度もなく、問い合わせを受けたことすらなかったからだ。

「突拍子もないことを考える奴だ」

奥田の名が試験場関係者に知られることとなった。しかし、話を聞くと確かに理《り》にかなっている。山に泊まり込むにはそれなりの不便もあるだろうが、本人がいいというなら、かまわないだろうということになった。

こうして、奥田の夏場の山暮らしが始まった。ただ、それはそう長くは続かなかった。

続かなかったというより、続ける必要がなくなった。苗を冷やすための大型専用冷蔵庫が売り出されたのだ。

奥田はさっそく冷蔵庫を購入し、山上げをやめた。高根村までの長い長い距離の往復は三年で終わった。

冷蔵庫での冷却期間は、山上げより一週間ほど短くなった。七月末から八月のお盆にかけて、収穫時期を考えながら、苗を順次冷蔵していく。冷蔵庫は引き出し式で、苗をトレーに並べて出し入れする。

冷やすといっても、昼間は太陽の光に当てて、夕方五時頃に冷蔵庫に入れる。これを二五日間繰り返すと花芽《はなめ》が出てくるので、花芽が出たらハウスに定植する。それが九月。そして、花が咲いてからおよそ三五～四〇日後に実がつくのである。

理想のイチゴを求めて試した品種

二一歳のときに徒手空拳《としゆくうけん》で始めたイチゴ栽培も、さまざまな経験を重ねていくうち、いつのまにか奥田もベテランと呼ばれる歳になった。栽培当初はうまくいかないことが多かったものの、音《ね》を上げることはなかった。そのおかげで、失敗が栽培技術の向上につながっていった。

「初めからうまくいく人なんていないでしょう」

奥田は失敗を恐れず、失敗してもそれを前向きに捉《とら》えている。

「失敗しないと、成功への道もわからないじゃあないですか。だから、失敗も大事なんですわ」

こうした姿勢で、奥田はさまざまな品種のイチゴの栽培にチャレンジしてきた。

奥田がこれまで栽培してきた主な品種を挙《あ》げると、福羽《ふくば》、紅鶴《べにづる》、宝交早生《ほうこうわせ》、とよのか、アイベリー、女峰《にょほう》……。聞いたことのある名前もあるのではないだろうか。上記の品種はどれも一時代人気を博したものばかりで、現在でも市場に流通しているものもある。

奥田が最初に栽培した福羽は、明治時代に活躍した農学者兼官僚で、日本イチゴの父と呼ばれる福羽逸人《ふくばはやと》氏が、日本で初めて育種したイチゴの品種である。現在、日本で栽培されている品種の多くが福羽の系統を引いている。

イチゴに限らず、農作物にはその土地の土壌や気候風土に向いた品種、向かない品種がである。向かない品種でも、それなりの実をつけさせるのが、生産者の腕である。その腕を、奥田は性質の異なる多くの品種を栽培することで磨いてきた。

もちろん、技量を上げるためにいろいろな品種を栽培してきたわけではなく、羽島の土地に合ったよりおいしいイチゴを求めてきた結果、たまたま栽培技術が向上しただけなのだが。

奥田がイチゴ栽培にいっそうの情熱を燃やすようになったのには、イチゴ栽培を始めて間《ま》もない頃の悔《くや》しい体験も関係していた。それは、地元のイチゴ生産者が団体で、東京の大田《おおた》市場に見学に行ったときのことだった。大田市場とは、一一ある東京都中央卸売市場のうちの一つで、大田区にある。青果部・花き部・水産物部の三部門を有する総合市場であり、そのうち青果部・花き部の取扱量は日本一を誇る。

若い奥田はこのような研修旅行に参加するのが初めてで、直《じか》に見る巨大な市場に興奮を隠しきれなかった。

ところが、そんな浮かれ気分の奥田に冷や水を浴びせるようなことが起こった。

奥田ら一行は、青果の仲卸会社の社員から説明を受けながら、市場内の施設やら、競《せ》りのようすやらを見て回った。ひととおり案内された後、その社員がおもむろにこう言い放ったのだ。

「ここには全国からいっぱい作物がきます。そのうちいいものは売れますが、売れないものはゴミになります。家庭のゴミならただで捨てられますけど、ここで出たゴミは有料で回収してもらっています。だから、売れないゴミを送ってこられると、こっちは大損なんです」

彼の言葉に、一同の表情が一瞬で凍《こお》りついた。

それを察《さつ》してか、社員は慌てて言葉を付け加えた。

「いえ、これはあくまで一般論で、岐阜県のイチゴのことではないんです」

しかし奥田は、彼が岐阜のイチゴのことを言ったのだと理解した。他の皆もそうだろう。上等なイチゴを送ってくる生産者に、そんな失礼なことを言うはずがないからだ。

岐阜のイチゴがゴミ扱いされた。それはとりもなおさず、未熟な自分が作ったイチゴが侮辱されたのだと奥田は思った。かーっと頭に血が上った。

確かに、当時はイチゴ産地で有名だった静岡県や埼玉県、栃木県などに比べれば、岐阜県のイチゴは知名度もなければ、品質も負けていたかもしれない。しかし、この一件が奥田の生産者魂に火をつけた。

奥田はそれ以来、より品質の高いイチゴの栽培を目指し、新しい品種をどんどん試すようになった。それだけでなく、栽培にもさまざまな工夫を凝《こ》らすようになり、技術力を高めていったのだ。

後日談になるが、奥田が美人姫を育成したとき、それを見た同じ仲卸会社の社員が「日本一のイチゴだ」と驚きの声を上げたという。以前の社員とは別人だが、奥田の溜飲《りゅういん》も下がったことだろう。

第二章

高級ブランド果物の戦国時代

果物を食べなくなった日本人

奥田がイチゴの栽培経験を積み重ねていた時期は、全国的にイチゴの消費量が右肩上がりに増えていった時代と重なる。その点、奥田がイチゴを選んだのはラッキーだった、いや先見の明《めい》があったと言えるだろう。背景には、全国のイチゴ生産者の努力で、かつては酸っぱかったイチゴがどんどん甘くおいしくなっていったことがある。

イチゴ消費のピークは日本がバブル経済にわいていた頃で、作れば作っただけ売れ、生産者も儲かった。青果市場でのイチゴの競り値も上がり、一パック七〇〇円の値がついたこともあった。スーパーマーケットではそれが九〇〇円から一〇〇〇円で売られた。

しかし、年号が平成に変わり、バブルがはじけると、一転してイチゴは売れなくなった。イチゴだけではない。果物全体の消費量が落ちたのである。

総務省の家計調査によると、二人以上の世帯が一年間に生鮮果物に支出した金額は、最も多かった一九九一年（五万三六四六円）に比べて、二〇一四年は三分の二（三万四九六二円）にまで減っている。日本人がだんだん果物を食べなくなってきたのだ。

そして、それは果物の価格に反映され、競り値も下落した。奥田の父が言いたかった

「農作物は相場商品である」ことの怖さが、奥田にも身に染《し》みてわかってきた。

相場に左右されるのは、青果市場に出荷しているからである。ふつう農家は生産した農作物を、自宅で消費する分を除いて全量を農協に納め、農協がまとめて青果市場に出す。そこで競りにかけられ、つけられた値段が相場である。相場は農作物の需給量や品質などでつねに変動するので、農家はその度に一喜一憂しなければならない。

農協についても、奥田には不満があった。農協は各生産者から集まったイチゴの全売上から一定の手数料を取り、残りを出荷量に応じて生産者に均等に配る。この「均等」というところが問題で、一見「平等」のように思えるが、じつは非常に「不平等」なやり方なのである。

というのは、イチゴの品質は生産者によって差があり、市場での価格も違うのに、農協は「質」を無視し、出荷「量」だけに応じて「均等」に売上金を分配するからだ。つまり、品質が良いイチゴを少量出荷するより、品質が悪いイチゴを大量に出荷するほうが、たくさんのお金をもらえるのだ。

「これでは生産者は育ちませんよ」

奥田が言うように、いくらおいしいイチゴを作っても報《むく》われないのであれば、生産者は品質を高める努力をせず、量を作ろうとだけするだろう。まるで、ロシアも中国もすでに捨て去った昔の共産主義を彷彿《ほうふつ》とさせる話である。

奥田は品質にこだわっていた。それは生産者としては当たり前といえば当たり前の態度で、よりおいしいイチゴを作ることを何よりも優先した。そして、おいしさが正しく価格に反映されることを望んだ。奥田だけではなく、多くの良心的な生産者は皆同じ気持ちだろう。

奥田は以前、自分が作ったイチゴが消費者にどう評価されているかを知るために、市内の青果店やスーパーマーケット、岐阜市内のデパートなどを見て回ったことがある。自分のイチゴがどこで、いくらで売られているのか。それこそが自分のイチゴに対する消費者の評価を直《じか》に反映したものだからだ。

奥田のイチゴは地元のスーパーではなく、岐阜市内のデパートに並んでいた。そのときは市場で四八〇円の値がついたものが、デパートで七八〇円で売られていた。奥田は自信を持った。

加えて、イチゴを嫌いな人がいないということも奥田には心強かった。「総じて子どもはイチゴが大好きだ」ということを先に述べたが、それはデータでも裏づけられており、トマトケチャップで有名な「カゴメ」が二〇一〇年に実施した調査では、三〜六歳の子どものうちほぼ九割が「イチゴが好き」と答えた（母親に対するアンケート結果）。そして、「最も好きな果物」の第一位がイチゴで、第二位だったブドウの三倍以上の人気を集めた。

「果物が売れない時代でも、おいしいイチゴを作れば買ってくれる」

奥田はそう信じた。

なぜ、農協離脱を決断したか

奥田は、農協が農家から取る出荷手数料の多さにも不満を持っていた。バブルがはじけてイチゴの消費量が減少し、価格も下落したのだから、農協も手数料を下げるべきではないかということだった。

売上が落ちた生産者は、窮状をなんとか乗り切ろうと頑張っていた。それを助けるのが「農業協同組合」が本来取るべき態度ではないのか。

農家を通して青果市場に出荷した場合、農協（地元農協と上部組織を含む）に一二パーセント、青果市場に八パーセントの手数料を取られていた（当時）。それに加えて、出荷の際の運賃がかかり、全部でじつに二五パーセントくらいの費用がかかっていた。したがって、仮に一年間に市場での売上が一〇〇〇万円あったとしても、手数料等だけで二五〇万円も引かれてしまうことになる。

農家の負担はむろんそれだけではない。肥料や農薬、農機具も買わなければならないし、ビニールハウスの設備費やエネルギー代、修繕費もかかる。出荷に際しても、段ボール箱などの梱包材も買わなければならない。

こう見てみると、農家がかなりの額を出費していることがわかる。その中で二五パーセントの手数料・運賃はどうみても痛い。

そもそも、農協は農家のために設立された組織のはずである。それがいつのまにか立場が入れ替わり、今は農協のための農家になっている。こうした声は全国至る所の生産者から聞こえてくる。

はっきり言うと、奥田は、自分は何を生み出すこともなく、他人が作った品物を右から左へ流すだけで高率の手数料を取るビジネス自体が嫌いなのである。それは、毎日汗水たらしてイチゴを一個一個作っている生産者として、素直な感情なのだろう。

もちろん、そういう商売が世の中にはたくさん存在し、認知されていることも知っている。しかし、さまざまな産業でなるべく流通の中間段階を減らし、ダイレクトかそれに近い仕組みに変える動きが以前から広がっている。好景気で皆が儲かっていた時代は良かったが、低成長時代の今、余分な流通経費を削りたいのは製造業の大企業でも、農家でも同じことである。

中間業者の存在意義は、川上や川下の業者に何らかのメリットを与えてこそある。では、農協が農家に与えているメリットは何か。

じつは、農協には「営農指導課」という部署がある。農家に栽培技術や経営の助言・指導をするのが役目なので、それが農家が生産した作物を青果市場に出すだけで手数料を取っている見返りと言えるかもしれない。ところが、奥田によれば、「年に一回くらいはやって来るのかと思いきや、一度も来たことがない」のだそうだ。こういうところにも奥田は不信感を抱いていた。

農協には農業指導する能力がもはやないのだろうが、その半面、農業以外の商売には熱心で、家電製品や車を売ったり、冠婚葬祭業をやったりしている。奥田が農協に出向いたとき、墓石を買わないかと勧められたのにはさすがに閉口したという。

「農協がＪＡと言い出してからおかしくなった」

それはバブルがはじけた一九九二年頃だった。

「だってＪＡと名乗ったら、〈農〉という字が見えないじゃないですか。きっと、農協は農業との関わりを薄めたかったんですよ」

ちなみに、ＪＡは「ジャパン・アグリカルチュラル・コーポラティブス」の略称で、今でも正式には「農業協同組合」である。

さて、この頃の奥田の気持ちを整理すると、「相場しだい」の農業から脱却したい、消費者評価を反映した値段で自分のイチゴを売りたい、無意味な中間マージンを搾取されたくない、といったところだろうか。そうすると、これらの不満を解消し希望を実現するには、農協を離脱して青果市場への出荷をやめ、自分でイチゴを直売するしかない。

生産した一部を直売し、残りを従来どおり農協に出荷するというやり方を取れないのかといえば、農協との取引は全部納めるか、そうでなければまったく納めないかのどちらか、ゼロか一〇〇かなのだという。

結局、奥田は農協と訣別《けつべつ》することを決意した。二〇〇三年、ちょうど五〇歳になったときだった。

それまで直売などしたことがない奥田にとっては、また年齢を考えても、思い切った決断である。背中を押したのは、自分のイチゴに対する自信と、おいしいものは売れる、という確信だった。

もし、このときに農協を離れていなければ日本一のイチゴ、美人姫は誕生していなかったかもしれない。

奥田の申し出に、農協の職員は通り一遍の質問をした。

「これからどうするのですか？」

「直売をやってみます」

奥田は正直に答えた。

「いつでも戻ってきてください」

職員は「だめだったら」という言葉を口にしなかったが、きっと直売がうまくいかずに、すぐに農協に戻ってくると思っているのだろう、奥田はそう感じた。実際に出戻りの例があることも知っていた。

奥田は「絶対に戻るものか」と、逆にファイトがわいたが、それを飲み込んで丁寧に礼を述べた。

「そのときはお願いします」

奥田は農協の建物を出ると、一度だけ振り返った。長いことお世話になったところでもあった。

ちなみに、ここまで述べた農協の体質についての記述は二〇〇三年以前の話であり、かならずしも現状を述べたものではないこと、また、すべての農協がこうした農家不在の体質であるというわけではなく、農家とともに地域農業発展のために力を尽くしているところもあることを付記しておく。

ただ、近年、奥田と同じように農協に見切りをつけて離れる生産者が増えており、農協改革を求める声が農家のみならず、全国各地の地域農協内部からも上がっていることも周知の事実である。さらには、農協の全国中央組織の改革が進められていることも、ご案内のとおりである。

自動販売機の直売所を設置

奥田には直売の経験はなかったが、自分のイチゴがデパートで高値で並んでいたことが自信になり、いいものを作れば必ず売れると信じていた。

しかし、具体的にどうやってイチゴを売ればいいのか。そのデパートへ直接営業に行くのか、それとも車にイチゴを積んで行商するのか……。

奥田が選んだのは、直売所の開設だった。ただし、販売のためだけに人を雇う余裕はなかったので、自動販売機（以下、自販機）を使うことにした。自販機ならば、安心して無人でイチゴを販売できるし、手間といえば、一日に何度か売れ行きをチェックし、売れた分のイチゴを補充するくらいのこと。自分一人で全部できると考えた。

ただし、自販機といっても、缶ジュースでおなじみの、お金を入れてボタンを押せば商品が取り出し口に落ちてくる仕様のものではなく、ガラス扉で中が見えるロッカータイプである。

　自販機で農作物を売っている例はあるにはあったが、まだ珍しかった。奥田はさっそく自販機をリースする会社に連絡し、カタログを持ってきてもらった。

　ところが、奥田は既存の自販機に重大な問題があることに気づいた。どれも一〇〇円玉しか使えなかったのだ。

「これじゃあ、だめだよ。イチゴは何百円もするんだから、一〇〇円玉しか使えないんじゃあ話にならんわ」

　奥田は率直に言った。

「一〇〇〇円札と、できれば一万円札も使える仕様じゃないとお宅の自動販売機は使えないよ」

　イチゴは小粒でも一パックが数百円するし、二パックを買うお客さんもいる。しかし、いつも小銭入れに一〇〇円玉をジャラジャラたくさん入れている人は少ないだろう。両替に行ってまた戻ってくるのも面倒だから、一〇〇円玉しか使えないような自販機では、みすみすお客さんを逃してしまうことになりかねない。とにかく不便だ。

聞けば、その会社では一〇〇〇円札が使えるロッカータイプの自販機は製造していないという。

「これまで、そんな要望はなかったので」

自販機で売る商品は、どれも一〇〇円か二〇〇円くらいのものばかりだったので、必要なかったのだ。しかし、自販機会社の営業マンも奥田の言うことはもっともだと思ったのだろう。

「わかりました。会社に戻って上司と検討します」

と言って、帰っていった。

そして、数日後、その営業マンが一〇〇〇円札が使える自販機を製造することになったと連絡してきた。

「一万円札が使える自販機はまだ時期尚早ということで、申し訳ありませんが、代わりに一万円札の両替機を作ることになりました」

こうして、新しい自販機が納入された。形の上では奥田が自販機会社に作らせたことになるが、もちろんメーカー側としては今後の需要を見越してのこと。ただ、奥田のプッシユが効《き》いたことは間違いない。

奥田は農園近くの道路沿いにプレハブの無人販売所を設け、新型の自販機を設置した。ロッカータイプの自販機は、大きさの違いで三タイプあり、三〇の部屋があるいちばん大きなサイズのものを一台、二〇部屋のものを二台、そして一〇部屋タイプを二台、合計五台の自販機を設置した。これでロッカーの数が全部で九〇部屋になり、町の果物屋以上の商品陳列が可能になった。

無人販売所には、道路からよく見えるように看板を上げ、道路沿いに幟《のぼり》を一本立てた。こうして、いよいよイチゴの直売が始まった。とくに宣伝らしいことをしなかったにもかかわらず、奥田の予想以上に売れ行きが良かった。どうやら口コミで無人販売所の評判が広がったらしい。イチゴの販売価格は時期によって異なるが、安いときで三五〇円から、お遣い物用で一〇〇〇円くらいまで。それでも、中間マージンを取られない分、十分採算が合った。

仕事帰りに買って帰る人が多いようで、夕方自販機を満杯にしておくと、翌朝にはほとんどのロッカーが空になっている状態が続いた。

美人姫の直売所。右半分に自動販売機を設置、左半分では平日の午前中のみ対面販売をしている

ロッカー式の自動販売機。扉が透明ガラスなので、イチゴをよく選んで購入できる

リピーターも増え、奥田農園の名前も知られるようになった。自販機にイチゴがなかったら、作業小屋まで買いに来る人もいて、「イチゴが切れてるよ。早く補充しないと」と教えてくれるようにもなった。

もちろん、日によってはあまり数が売れない日もあったが、そんなときはわざといくつかのロッカーを空にして、売れているように見せかけるなど、販売テクニックについても考えるようになった。

「たくさんあると、いつでも買えると思うだろうし、残り少ないと早く買わなきゃと思う。人間ってそういうもんでしょう。でも、ちょっとだけ残ってるのを見たら、人によっては残り物はいやだと思うかもしれない。難しいですな」

奥田はアイデアマンである。これまではおいしいイチゴを作ることだけに集中してきたので、奥田が出すアイデアも栽培方法に関するものに限られていた。それが、直売をやるようになって、どうすればよく売れるかも考えなくてはならなくなり、販売についてのアイデアも出すようになった。初めてのことだったが、存外楽しかった。

奥田の話を聞いていて、筆者は以前テレビで見た、どこかの地方の共同直売所でシイタケを売っている農家のおばあちゃんの話を思い出した。細かいところの記憶はあいまいなので、要旨だけを紹介すると、以下のとおりである。

おばあちゃんは自分のところで栽培したシイタケを直売所で売るのに、わざと九〇〇円と一二〇〇円の二つの袋詰めを用意した。たくさん売りたいおばあちゃんは、九〇〇円の袋には一二〇〇円の袋の半分ほどしかシイタケを詰めなかった。すると客は二つを見比べて、必ず一二〇〇円の袋を買っていった。九〇〇円の袋はまったく売れなかったが、これはおばあちゃんの狙いどおりの結果で、端《はな》から九〇〇円の袋を売るつもりはなかったのだ。そして、一二〇〇円の袋のほうは見事に売り切れたのだった。

奥田にこの話を披露して、二人でひとしきり笑った。そして、おばあちゃんの知恵に感心した。

「賢い方法だね。見習わなくちゃあ」

奥田はそう言うと、真剣な表情になった。

「いい品を作っている生産者は、皆自分が作った作物を納得のいく値段で売りたいと思っているはずですよ。でも、なかなかそれができない。ぼくも直売を始めたのは遅かったからね」

自販機の無人販売所は当初一カ所だけだったが、イチゴの品種が美人姫に変わった後は売れ行きがさらに伸びたため、現在では三カ所に増やしている。また、最初に設置した農園近くの販売所では、午前中だけだが、アルバイトを置いて対面販売も始めた。

品種改良の主役が国から県へ移った理由

現在、奥田農園で栽培されているイチゴは、すべて美人姫である。しかし、農協を離脱した二〇〇三年にはまだ美人姫は生まれておらず、奥田は「女峰」と「とよのか」を栽培していた。

そして、ちょうどその頃、岐阜県農業試験場（当時の正式名称は岐阜県農業技術研究所、現在は岐阜県農業技術センター）は県が育成した品種としては第一号となる「濃姫《のうひめ》」を誕生させた。

濃姫とは、戦国時代に「美濃のマムシ」と恐れられた斎藤道三《さいとうどうさん》の娘で、織田信長《おだのぶなが》の正室となった姫の名前。その名にあやかり、また色彩と味が「濃い」という意味合いも込めてつけられた名前が濃姫だった。

濃姫は、農業試験場が「アイベリー」と「女峰」を交配して育成した。交配とは、いわゆる「掛け合わせ」のこと。アイベリーと女峰はともに食味がよい品種で、それに加えて前者は大粒、後者は形の良さを特徴としていた。

両者の子どもである濃姫は、親の特徴をよく受け継ぎ、大粒で、形が良く、糖度が高いが、酸味もほどよく利《き》いたおいしい実をつけた。また、鮮やかで艶のある赤色も持ち味で、香りも良い優良品種である。濃姫は、イチゴ栽培で他県に後れを取っている岐阜県が巻き返しを狙って開発した期待の品種であり、二〇〇二年に品種登録され、現在でも岐阜県でいちばん栽培されているイチゴである。

ところで、岐阜県に農業試験場（当時の正式名称は、岐阜県農事試験場）が設立されたのは明治三四年で、かれこれ一一五年も前である。それなのに、濃姫がオリジナル育成種第一号とはどういうことなのだろうか。

実は、一九八〇年代頃まで、新品種の開発は国が設立した農業試験場（現在の正式名称は、国立研究開発法人農業・食品産業技術総合研究機構。通称、農研機構）が行っていた。そして、ほとんどの公立農業試験場は主として、国が開発した品種を、それぞれの都道府県の気候風土でうまく栽培するための研究をしていた。つまり、煩《わずら》わしくて手間のかかる品種改良は国まかせだったのである。

ところが、時代は変わり、都道府県の間で農業の生き残り競争が始まった。全国的に農家の減少が続き、他県より優《すぐ》れた品質の作物を作り、農業収益をアップさせていかなければ、県内の農業が廃《すた》れてしまうという危機感が生まれたのだ。

国立の農業試験場は国民の税金によって運営されているので、特定の県に適した品種を育成しているわけではなく、また育成された品種は基本的に全国の誰でも契約し栽培できる。しかし、品種の性質上、県や地方の気候風土によって、栽培に向き・不向きの差が出てくる。

そうであれば、国が育成した品種の栽培技術を高めても、栽培環境の差で他県より劣る作物しかできないこともありうる。また仮に、他県と同等品質の作物ができたとしても、それはそれで価格競争になるだけで、メリットは少ない。

そこで、公立農業試験場が果たすべき役割が大きく変化した。公立農業試験場は都道府県民の税金でまかなわれているので、何より自県の生産者が収益を上げることが第一の目的である。

したがって、公立農業試験場には「自県の気候風土に適した品種」を独自に開発することが求められたのである。それが他県の作物より品質が優れていれば、自県の生産者は非常に有利になり、県内農業の繁栄につながる。

こうして、公立農業試験場は国の補助機関的な立場から脱し、新品種の育成に乗り出した。各都道府県は威信をかけて、育種に取り組み始めたのである。

今では多くの優れた品種の果物が、各地の公立農業試験場から誕生している。岐阜県のイチゴ・濃姫もその一つである。

なお、国も依然品種改良を精力的に続けており、「北の輝《かがやき》」や「さちのか」などの品種は国立農業試験場（正式名称は、野菜茶業研究所）が育種したものである。

高級ブランド果物の戦国時代が到来

多くの人が感じているように、近年高級ブランド化した果物がとみに増え、高値で売られている。もちろん、米や野菜、肉、魚でも同様の動きが出てきて久しいものの、とくに果物で顕著である。

夕張メロンなどは高級ブランド果物の先駆けといえるが、現在ではモモやブドウ、柿、スイカ、ミカンなどにもブランド化が広がり、高級品種が続々と登場している。そのうちブドウでは、二〇一五年に石川県でひと房一〇〇万円の値がついた「ルビーロマン」が巷《ちまた》の話題をさらったことは記憶に新しい。

ルビーロマンは、石川県農業試験場が果物としてはリンゴに次いで史上二番目、ブドウでは初めて育種した品種である。濃姫同様、県オリジナルの品種を開発することを目的とし、一九九五年に品種改良が開始され、二〇〇五年にほぼ終了。二〇〇七年に品種登録された。現在、石川県の戦略作物として、高級ブランド化が推し進められている。ルビーロマンについては、第二部で詳しく紹介する。

高級ブランド果物の中でもとりわけ出来のよい最高級品は、桐箱に納められ、贈答用などに使われることが多い。いわば桐箱ブランドである。

こうした高級果物の開発競争が全国的に熾烈《しれつ》な現在の農業事情を、筆者は「高級ブランド果物の戦国時代」と形容している。そして、その戦国の世にあって、イチゴ市場における覇権の争奪戦に美濃から名乗りを挙げたのが、斎藤道三ならぬ娘の「濃姫」というわけである。

もっとも、濃姫は優れた品種ではあるものの、難点が二つあった。栽培が難しいことと、実が少々柔らかすぎて日持ちがしないこと・長距離輸送に向かないことである。栽培が難しいのに、岐阜県内でいちばんの栽培面積を誇るまでになったのは、県農業試験場による栽培指導の賜物《たまもの》なのだろう。

ただ、日持ちの問題はいかんともしがたく、県農業試験場は濃姫の品種登録を申請するのに並行して、早くも次の新品種育成に取りかかっていた。濃姫の次となれば、今度はいよいよ織田信長を登場させ、イチゴの天下取りに出てくるのか。

岐阜県農業試験場が育種の目標としたのは、濃姫の優れた形質は受け継ぎながらも、日持ちが長い品種。そして、「とちおとめ」よりも栽培しやすく、「女峰」より大きいイチゴだった。

とちおとめは言わずと知れた全国ブランドのイチゴだが、とちおとめが登場するまでは、「横綱」と呼ばれたほどの作付面積を誇っていたのが女峰だった。どちらも栃木県が育成した品種である。

しかし、国が育成した「とよのか」の栽培が福岡県を中心に九州で急拡大したため、女峰を栽培していた栃木県が危機感を募らせ、ライバルとよのかと自県の女峰を交配し、さらにそれと女峰の別系統の品種とを交配して育成したのがとちおとめである。

付け加えれば、現在、とちおとめと人気を二分する「あまおう」は、とよのかを超えるべく、とよのかの系統と「さちのか」の系統を交配して開発した品種。そのさちのかは、とよのかとアイベリーを交配したものである。

つまり、とちおとめもあまおうも、とよのかの遺伝子を受け継いだイチゴである。

なお、品種登録された年代順は、とよのか一九八四年、女峰一九八五年、とちおとめ一九九六年、濃姫一九九八年、さちのか二〇〇〇年、あまおう二〇〇五年となっている。

このように、イチゴ栽培の二大県である栃木と福岡が覇権を争い、とちおとめやあまおうが生まれてきたのである。

一方、岐阜県は作付面積でも出荷量でも二県には遠く及ばないものの、濃姫は品質では

主なイチゴ品種の系譜

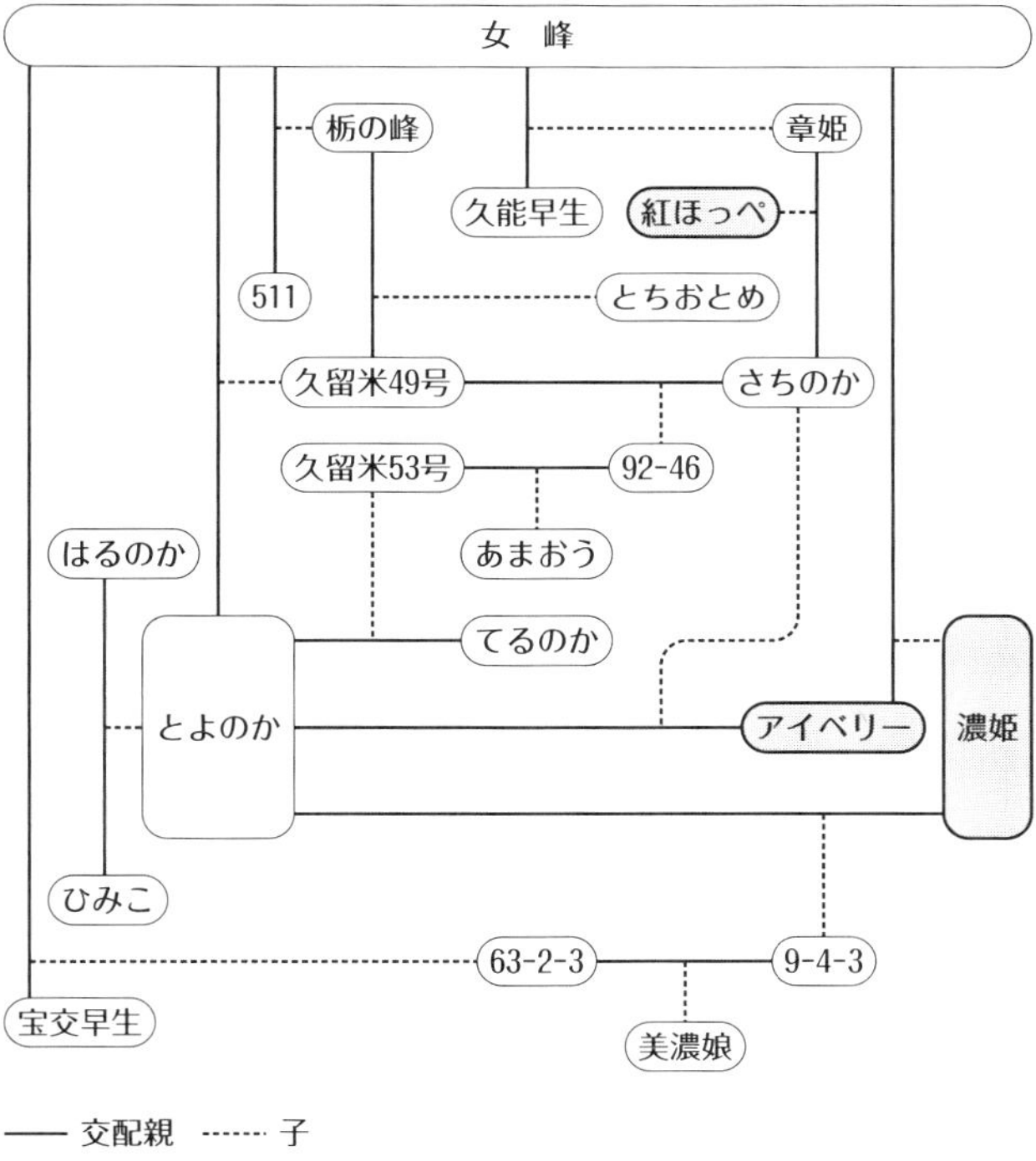

※数字のみは育成者による系統番号
※美人姫は濃姫、アイベリー、紅ほっぺの３種の交配により誕生

負けていない。再び戦国時代を例にとれば、今川氏や武田氏に比べてはるかに弱小だった織田家も、美濃の濃姫を嫁に迎えた信長が家督を継いでから勢力を拡大し、地方の小大名から天下統一を成し遂げる寸前にまでいったのだ。

それはともかく、いずれにしても岐阜県では濃姫を軸とした、さらなる優良品種の育成に期待が高まっていた。

ところが、濃姫を軸として新たな品種を育成しようとする動きが、岐阜県農業試験場以外にもあった。奥田である。美濃の内に思わぬ伏兵がいたのである。

第三章

美人姫の誕生

どのイチゴにも負けない品種を作るぞ!

岐阜県農業試験場は、一九九七年に濃姫を超えるイチゴの開発に乗り出した。濃姫ととよのかを交配した系統と、女峰と宝交早生《ほうこうわせ》を交配した系統を、さらに交配して育種を開始した。そして、生まれたのが「美濃娘《みのむすめ》」で、二〇〇七年に品種登録された。

美濃娘は濃姫の優れた特徴を残しながら、育種の大きな目標であった日持ちを長くすることにも成功した。そのため、ケーキなどのお菓子用にも人気を博している。岐阜県では濃姫と並び、美濃娘の栽培も推奨している。

二〇一二年時点で、岐阜県におけるイチゴの栽培面積の第一位は濃姫で、全体の五五パーセントを占め、第二位の美濃娘は二六パーセント。この二品種で八割以上の占有率となっている。

一方、奥田も濃姫、アイベリー、「紅《べに》ほっぺ」の三品種を交配して、新品種の育成を目指した。濃姫を選んだのは、地元岐阜県で生まれた品種であることに加えて、その潜在力に可能性を感じたからだった。

「濃姫はそれまで作ってきた品種の中で、いちばん良かったイチゴ。色や形も良かったが、何より甘味と酸味のバランスがいい」

濃姫も大粒品種だが、さらなる実《み》の肥大化を求めて選んだのはアイベリーである。アイベリーは愛知県の種苗会社が育成した品種で、一九八三年に市場デビューした。

このアイベリーは、実は史上最大のイチゴと騒がれたイチゴだった、四〇グラム級の大粒が珍しくなく、ときに六〇グラムを超える巨大な実をつけた。しかし、大粒の実は往々にして形が悪く、平べったくなったり、先端が二つに分かれ足が生えたような形になったりすることが多かった。また、甘さもやや弱く、先端が緑色のまま残りやすいことなどもあって、現在では生産量はわずかである。

そして、最後の紅ほっぺは、名前のとおり赤い色が鮮やかな品種である。静岡県が育成し、二〇〇二年に品種登録されている。

この三種で、奥田が新品種の育成に乗り出したのが一九九九年。農協を離脱する前だった。育種は奥田が自ら思い立って一人で実行したものであり、誰に協力を求めた行動でもなかった。

では、なぜわざわざ自ら育種に乗り出したのか。

「自分の手で、羽島の土地に合う最高のイチゴを作り出したかったんですわ」

奥田がこれまでより良いイチゴを求めてさまざまな品種を栽培してきたことはすでに述べたが、結局、どのイチゴにも満足できなかったのだろう。ただし、

「日本一のイチゴを作ってやろうとか、そんな気持ちはなかったですわ。ただ、どのイチゴにも負けたくないとは思っていた」

どのイチゴにも負けたくない、とは結局日本一ではないか、というツッコミはさておき、もしかすると、このときすでに農協を離脱して直売を始める決意をしていたのかもしれない。

独り立ちすると、他の生産者とのライバル関係はより強くなる。皆と同じ品種を作っていたのでは、いい品を作っても独自性をアピールしにくいし、下手《へた》をすると市場出荷の品と価格競争になる可能性もある。他より優れたオリジナルの品種を作って競争に勝つ、というのは公立の農業試験場が独自育種に乗り出した理由と同じである。そのために奥田は最高のイチゴがほしかったのだろう。

ついに美人姫が誕生

奥田の育種計画を聞いた県農業試験場の関係者からは、失笑が漏《も》れた。個人で、濃姫を親にして新品種を作れるはずがないと思ったようだった。

ここまで紹介した育種は、すべて国や県の農業試験場が行なってきた話ばかりだった。育種には時間も労力もかかり、技術力も必要なため、国公立農業試験場が主な担《にな》い手《て》だった。他には、大学の農学部や、種苗会社、食品・飲料会社などの民間企業が育種を手がけている。

ただ昔から、個人で育種を手がける人も少なくない。いわゆる育種家と呼ばれる人たちである。たとえば「章姫《あきひめ》」という一九九二年に品種登録されたイチゴは、静岡県の個人育種家が「久能早生《くのうわせ》」と女峰を交配して作った品種で、紅ほっぺとともに静岡県を代表するイチゴとして親しまれている。

なお、章姫の親である久能早生も同じ育種家が開発したものである。ただし、個人育種家が育成した品種で、章姫のように人気品種になる例は現在ではきわめて少ない。

こうしたことからも、岐阜県農業試験場は奥田の育種挑戦が無謀に思えたのだろう。しかも、濃姫はもともと栽培が難しい品種。それを親にして新品種を開発するなど、個人でうまくいくはずがないと高《たか》をくくったのだ。もしかすると、農業試験場も濃姫から美濃娘を育成するのにかなりの苦労を強《し》いられたのかもしれない。

しかし、ここでも奥田は燃えた。

「皆ができないと思ってるんだったら、絶対にやってやるぞ！」

実は奥田には人工交配を本格的にやった経験はなかった。しかし、やり方はだいたいわかっていたので、あとは本を読んで勉強すればなんとかなると踏んでいた。

人工交配は、一般に、ある品種の花のめしべに、別の品種の花粉をつける（受粉という）ことで行われる。ふつう、イチゴの栽培ではハウス内にミツバチを放ち、同品種間で受粉をさせて実をつけさせるが、この受粉を人為的に異なる品種間で行うことで、双方の品種が持つ遺伝子を混ぜ合わせるのだ。

受精してできた種子《しゅし》は皆、すべて異なる遺伝子の組み合わせを持つ。そして、どの種子がどんな個体に成長し、どのような実をつけるかは、実際に育ててみなければわからない。偶然まかせである。

現実には、新規に交配して生まれた個体の果実は、ほとんどが食べられる代物ではないという。味も香りも悪いどころか、吐き気を催《もよお》すほどの失敗作が少なくないらしい。偶然においしいものができる確率はきわめて低いので、交配してできた種子《たね》をなるべくたくさん播《ま》いて育ててみなければならない。

しかも、種子を播いてから実ができるまで、イチゴでも少なくとも一年はかかる。そして、ついた実がどれも満足できるものでなかったら、翌年にまた一からやり直しである。なので、育種には手間と時間とお金がかかるのだ。

なお、品種改良にはさまざまな方法があるが、上記の方法で新しい品種を作り上げていく方法を「交雑育種法」という。交雑育種法は、「遺伝」現象を科学的・物質的に証明した「メンデルの法則」が再発見された一八九〇年代以降に広まった方法である。

奥田の育種に話を戻すと、奥田は美人姫が濃姫、アイベリー、紅ほっぺの三品種の交配で生まれたことは教えてくれたが、どの品種の花粉をどの品種のめしべに受粉させたか、またどんな順番でそれを行ったかなど、詳しい育種方法は教えてくれなかった。それらの情報は奥田にとって最重要な企業秘密、トップシークレットだからだ。

それはともかく、奥田は育種に着手した。しかし、一年目は見事に失敗。奥田の期待にかなう実は一つもつかなかった。そして、続く二年目もうまくいかなかった。

ところが三年目、初めて大粒で、味も風味も良い、納得できる実がついた。奥田は、厚い雲の切れ目から太陽の光が差し込んだように感じた。実は奥田は、五年やってうまくいかなければ、交配する品種を替えるなど、何かしら根本的にやり方を変更する必要があると覚悟していたのだ。

ただし、これで新品種の開発が終わったわけではない。種子を播いて一年目の若い個体がつけた実が良くても、来年も同じような品質の実がつくかどうかはわからない。少なくとも三年くらいは育てないと、実の形質は安定しないのだ。

その間、最初の株から伸びたランナーで苗を増やし、それらを育ててより優れた実をつけた株を選んで、それをまたランナーで増やし……ということを繰り返し、品質をブラッシュアップするのである。

そして、ついにその日がやってきた。これまで見たことがないほどの巨大な粒が、葉の陰に隠れ切れずに実っていたのである。

「日に日に実が肥えていっているのはわかっていました。これは大きくなるかもしれないと思って注目していたんだけど、イチゴは赤くなってから、最後にまたぐっと大きくなるので、最終的にどれくらいのサイズまで成長するか、収穫するまで正確にはわからないんですわ」

巨大な粒は一つだけではなかった。すべての粒が巨大だったわけではないが、そこかしこに重すぎて茎《くき》にぶら下がれないほどの実がなっていた。そのうちの一つを収穫して、秤《はかり》に載せた。

「その実がなっているのを見たときは、正直自分でも驚いたけど、重さを計ってまたびっくりしました」

針がほぼ一〇〇グラムを指したのである。アイベリーをはるかに上回る果重で、名実ともに日本一の大きさのイチゴだった。二〇〇九年、美人姫の誕生である。

自宅にテレビ局が殺到してパニックに

奥田はさっそく、巨大なイチゴができたことを地元の岐阜新聞に連絡した。じつは、後で述べるが、奥田は以前に一度、岐阜新聞にやはりイチゴの件で電話を入れ、取材に来てもらった経験があった。それで今回も躊躇《ちゅうちょ》なく電話したのだった。

岐阜新聞の記者がすぐに飛んできて、目玉が飛び出さんばかりにびっくりして、写真を何枚も撮っていった。それが翌日の紙面に載った。

次に、奥田は一〇〇グラムの美人姫を持って、岐阜県農業試験場に向かった。このイチゴを試験場の職員らに披露したかったのだ。

濃姫を系統に持つ巨大イチゴを自慢し、試験場を見返してやりたかったという気持ちも正直なかったわけではない。が、それよりも生産者として長年付き合ってきた試験場に、イチゴの新たな可能性を見せたかった。

農業試験場の職員はひと目見て、腰を抜かすほどびっくりした。騒ぎを聞きつけて、大勢の人が奥田の美人姫を見に集まってきた。

「信じられない。目を疑うよ」

「本当に濃姫からできたのか」

彼らは口々に驚きの声を上げた。

職員らが驚いたのは、粒の巨大さはもとより、巨大なのに形が丸々とした円錐《えんすい》形をしていたからだ。前述したように、他品種でも時として巨大な粒のイチゴができることがあるとはいえ、大方は見栄えの悪いいびつな形をしている。奇形と呼ぶのがふさわしい実も多く、商品価値は乏《とぼ》しい。

それに比べて、美人姫は巨大な粒なのに、まことにイチゴらしい見栄えの良い形をしている。

「このサイズがいくつもなっていますよ」

奥田は誇らしげに言った。

職員らは専門家らしく、親品種のことや育種の方法を細かく質問してきた。しかし、奥田は交配した品種の名前は教えたものの、肝心なことはもちろん喋《しゃべ》らなかった。

「一人でよくやりましたね」

ねぎらいと尊敬の言葉をかけてくれる人もいた。

「県庁のほうに持っていってください。こちらから連絡しておきます」

職員に促されて、翌日岐阜県庁に赴《おもむ》くと、今度は奥田がびっくりしたことに、記者会見の場が用意されていて、新聞各社の記者が詰めかけていた。県としては、農業活性化のために、美人姫の巨大な粒を大々的にアピールしたかったのだった。

そして、記者会見場には県知事も登場し、たくさんのカメラの前に立ち、満面の笑みを浮かべて美人姫を持った奥田と握手を交わした。

「岐阜県で生まれた日本一、いや世界一のイチゴです」

知事もまた誇らしげに、岐阜県を強調した。

奥田には思いがけない一日となり、かなり疲れもしたが、話はこれで終わらなかった。翌朝早く、奥田が自宅玄関の呼び鈴をしつこく鳴らす音にあきれながらドアを開けると、大勢の、かなり大勢の人が押し寄せていたのである。

彼らの正体はテレビ局の取材陣だった。ビデオカメラを担いだ人も多くいた。渡された名刺を後で数えたら、その日奥田家にやって来たテレビ局は全部で九社。名古屋の局が四社と東京のキー局が三社、地元岐阜のＮＨＫ、そしてなぜかブラジルのテレビ局（日本支局）一社も混じっていた。彼らは皆、美人姫の取材に来たのだった。

家の前は取材の人と車でごった返していた。近所の人も、何事が起こったのか、怪訝《けげん》そうな表情で集まっていた。

「ほとんどパニックでしたわ」

奥田は取材陣を農園のビニールハウスまで案内し、栽培についての説明をした。そして、一社一社の質問にも丁寧に答えた。

しかし、いったいそのうちの何局が実際に放送してくれたのかは、奥田にはわからない。全部をチェックできるはずもなかった。ただＮＨＫが昼の番組で映像を流していたのだけはテレビで見た。

そして、夜には夜で、テレビを見たという友人から何本も電話がかかってきた。市内からも、名古屋からも、ずいぶん懐かしい声を聞くことができた。

この一件で、奥田はマスコミの影響力の大きさを実感し、その後美人姫の知名度アップのために、ますます積極的にマスコミを利用していくことになる。

「美人姫」の名前の由来

ところで、奥田が育成した巨大なイチゴを「美人姫」と名づけたのには、何か理由があるのだろうか。

イチゴの品種名には、女性的な名前をつけている例が多い。姫《ひめ》、娘《むすめ》、乙女《おとめ》などである。小さくて可愛らしいイチゴには女の子のイメージがある上、食べるのが男性より女性のほうが多いことも理由だ。

しかしもちろん、女の子っぽい名前をつけることに決まっているわけではなく、本書に登場した品種でもさまざまな名前がある。香りがよいことを強調して、香《か》を入れた名前も多く、とよのかやさちのかはその類《たぐい》である。

また、あまおうは男っぽいし、変わったところでは、北海道が育成した品種には「けんたろう」や「なつじろう」という名がつけられている。これなどは、好んで食べるのが女性だから、逆に男の名前を選んだそうである。

じつは、奥田は育種を始めた一九九九年時点で、新品種の名前をすでに「美人姫」に決めていたという。それどころか、まだ成功するかどうかもわからないのに、商標登録までしていた。

美人姫の「美」は自分の名、美貴夫から取り、食べたら美人になるという意味を込めたという。実際に美人になるかどうかはともかく、イチゴにはレモン果汁よりたくさんのビタミンCが含まれており、大粒の美人姫ならなおのこと、しみ・そばかすの防止に効果があるかもしれない。

しかし、美人姫という名がつけられた最大の理由は、娘の誕生だった。奥田には男子がすでに一人いたものの、長いこと女の子も欲しいと思っていた。長男とずいぶん年が離れてしまい、もうほとんどあきらめかけていたが、育種に取りかかった年に、待望の女の子を授《さず》かったのだ。美人になってほしかったのは、自分の娘だったわけである。

それに、奥田には、美人姫に決めていたからこそ、育種に成功したのかもしれないとまで思っていた。そう考えると、とても縁起がよい名前だとも思われた。子どもは神様からの授かり物。その子どもが誕生した年に育種を始めてできた美人姫は、神様が娘の手に握らせてこの世界に送り届けてくれたものかもしれない。そんなことを考える、センチメンタルな一面も持つ奥田だった。

「いい名前でしょう。女性へのプレゼントや誕生祝いなんかには、もってこいの最高の名前ですよ」

奥田は自分でつけた「美人姫」のネーミングが、いたく気に入っている。

品種登録をしないことで、美人姫を守る

新しい品種を育成したら、通常、次に行なうのは品種登録である。品種登録とは、新しく品種を育成した生産者（機関）が農林水産大臣宛に出願し、審査等を受けて、新品種として登録される国の制度をいう。通常、出願して登録されるまで二〜三年かかる。

品種登録されると、法的な育成者権が発生し、育成者以外の人が勝手にその品種を栽培することができなくなる。つまり、品種登録とは特許のようなもので、品種を作った人の権利を守るためにある。

ところが、奥田は美人姫を品種登録していないという。それで美人姫をどうやって守るのか。

国公立の農業試験場が育種し、実際に生産者が栽培するようになった品種は、すべて品種登録がなされている。その事実からしても、品種登録をしたほうが良いのではないかと思われるのだが。

しかし、奥田は品種登録のデメリットのほうを重く見ていた。権利保護の期間が短すぎるのだ。

「品種登録しても、育成者の権利が守られるのはたった一五年（当時）だったんですよ。一五年経《た》ったら、すべて公開されてしまうんですわ」

じつは、品種登録の出願には、何と何をどのように交配したとか、栽培はどうするとか、育種に関してのさまざまな情報を書類に記入し、提出しなければならない。それらは生産者にとってのトップシークレットなのに、審査を受けるためにすべて書かなければならないのだ。しかも、その内容は権利保護が切れる一五年後には、すべて公開されてしまうのである。

「それならば、端《はな》から品種登録などしないほうが良い」

というのが、奥田の判断だった。

品種登録をしなければ、この先も詳しい情報を公開する必要がない。美人姫の交配種がわかっていても、交配の手順や選別方法、栽培方法などに関しての情報を秘密にしておけば、誰にも美人姫並みのイチゴは作れない。

新品種を作った育成者の権利を守るために品種登録制度があるが、逆に品種登録をしないという選択で、奥田は自らが開発した美人姫を守ることにしたのである。

品種登録の有効期間が短すぎると思ったのは奥田だけではないようで、品種登録制度は一九九八年と二〇〇五年に立て続けに二度改訂された。その結果、イチゴのような草本性の作物では、二〇〇五年六月一七日以降に登録された品種の育成者権存続期間は、二五年に延長された。

品種登録をしない例は他にもままある。たとえば、前出のアイベリーは愛知県の種苗会社が育種した品種だが、品種登録をしておらず、親の品種も明らかにしていない。栽培は、アイベリー研究会に入会することを条件に許可し、全国で九の地域農協でのみ栽培されてきた。

品種登録をしない理由に、高額な料金を挙げる人もいる。一品種当たり、登録の出願料は現在四万七二〇〇円。そして、審査をパスして登録されると、毎年育成者権を維持するためという名目の登録料を納めなければならない。これがかなりの金額で、一～三年目は年六〇〇〇円、四～六年目は年九〇〇〇円であるものの、七～九年目は年一万八〇〇〇円に跳ね上がり、一〇年目以降は年三万六〇〇〇円も請求される。

したがって、品種登録をして二五年それを維持しようとすると、合計で七二万二二〇〇円もかかるのだ。国公立の農業試験場や企業ならどうってことのない金額かもしれないが、個人経営の農家には軽くない負担である。

いずれにしろ、奥田は品種登録は行わなかったものの、前述のように、あらかじめ「美人姫」の名前を商標登録していた。商標権の存続期間は一〇年だが、お金さえ払えば何回でも更新できる。

商標登録についても触れておくと、商品（またはサービス）はカテゴリー別に四五に区分けされており、奥田は一九九九年に一区分（生鮮の果実など）、二〇一一年に新たに二区分（果実の加工品や飲料など）で出願した。そして、それぞれ翌年に登録が成立し、それを現在まで維持するのに支払った金額は、合計で一九万三九〇〇円である。品種登録の費用よりは安いとはいえ、そこそこの出費である。

なお、美人姫を食べた後でその種子を播いたら、美人姫の苗が育って、美人姫が盗まれるのではないか。品種を守れないのではないか、という質問を編集者から受けたので、繰り返しになるが、改めて説明すると、種子には父株と母株の遺伝子が混ざっているため、たとえ両親が美人姫であっても、種子から育った子株は美人姫とは異なる遺伝子を持つ別種になる。したがって、いくら美人姫の種子を播いたところで、美人姫を盗むことはできないのだ。

ついでに、イチゴの果実と種子についても誤解が多いので、説明しておこう。

私たちが食べているイチゴの赤い実は、実は果実ではない。一般に、果物がなる植物では、受粉（の後、受精）して種子ができると、種子のまわりに果肉が発達し、これを果実と呼ぶ。果肉はめしべの下部の子房と呼ばれる部分がふくらんだもので、こうしてできた果物を、真実の果実という意味で「真果《しんか》」という。

ところが、イチゴの場合、私たちが果実と思っている赤い実は、花托《かたく》という花のつけ根部分がふくらんだもので、子房ではない。つまり、イチゴの赤い実は実は果実ではなく、偽《にせ》の果実という意味で「偽果《ぎか》」という。

果物には、一般に果実（＝真果）だと思われている実が、本当は偽果であるものも多い。リンゴや梨もそうで、これらの真の果実は実の中心にある、一般に「芯《しん》」と呼ばれている部分である。

では、イチゴの果実はどこにあるかというと、赤い実（偽果）の表面に散らばっているゴマのような粒々がそうなのである。これを種子だと勘違いしている向きもあるが、正しくはこのゴマ粒は果実なのだ。イチゴの果実（＝ゴマ粒）には果肉がなく、痩《や》せた果実という意味で「痩果《そうか》」と呼ばれている。

そして、果肉のない果実（＝ゴマ粒）の中に、果皮にくるまれた種子が入っているのである。

プロの農家にも腕の差がかなりある！

「種子がだめでも、畑から苗を引っこ抜いて持ち帰り植えられたら、美人姫が盗まれるのではないですか？」

話を蒸し返すようで悪いが、他人事《ひとごと》ながら、筆者は美人姫が盗まれないかと心配で、奥田にしつこく尋ねた。

苗を盗むのはむろん犯罪行為なのだが、もしそんなことをされたら、美人姫も簡単に作られてしまうのではないか。仮に農業の素人《しろうと》には上手に栽培できなくても、プロの農家がそれをやったとしたら、勝手に美人姫を作られてしまうのではないか。やはり品種登録で権利を保護しておくほうが良いのではないだろうか。

それに対して、奥田は自信を持って答えた。

「美人姫の苗を盗んでも、うまく育てられないと思いますわ」

苗があれば、誰にでも同じ実をつけさせることができる可能性はゼロではない。しかし、現実はそううまくいかないらしい。

ふつうの実ならつくだろうが、優等な実をつけさせるのは難しいのだ。高級ブランド作物と呼ばれるものは、栽培に高度な技術が必要な場合が多く、プロの農家でも商品価値の高い実はそうそうできない。

そもそもプロの農家とひと口にいっても、栽培の技術力には個々人によってかなりの差があるという。同じくらいの年数農業をやっている人でも、同じ品種の作物をうまく育てられる人もいれば、そうでない人もいる。技術の差は、栽培が難しい高級ブランド作物で顕著に現われる。

前出の高級ブランドブドウ・ルビーロマンでも、栽培農家一二六戸のうち、二〇一五年シーズン出荷できたのは七七戸（約六一パーセント）に過ぎなかった。約四割の農家は出荷基準に達する品質のブドウを生産できなかったのだ。

そのため、ルビーロマンのように、公立の農業試験場が育成した高級ブランド品種を地域の農家がこぞって栽培して、全国展開している作物の場合、往々《おうおう》にして農業試験場が栽培マニュアルを作って、契約を交わした農家に配布している。マニュアルがないと、出荷できない農家が出てきてしまうからだ。もちろん、マニュアルは門外不出である。

ルビーロマンでも、石川県農業試験場が栽培マニュアルを作って、契約農家に配布している。ルビーロマンは、巨峰の二倍の大きさを誇る大玉《おおだま》のブドウで、宝石のルビーを思わせる赤色が美しい品種である。この大玉にひびが入ったり、割れたりするのを防ぎ、また着色不良にさせないためには高度な栽培技術が必要とされる。そのためマニュアルが必要なのだ。しかし、それでも出荷できた農家は六割だったのである。

ルビーロマンの栽培マニュアルは毎年更新され、栽培に有効な新しい工夫が見つかるたびに書き換《か》えられている。

筆者がルビーロマンの取材に行った折に、マニュアルをちょっとでいいから見せてほしいと頼んでみた。しかし、「いいですよ」と言われて見せてもらえたのは目次だけだった。

「中身はいっさいお見せできません」

と、きっぱり断わられてしまった。

奥田の栽培技術の高さを証明する事実がある。大粒ではあるものの栽培が難しいとされていた濃姫を生産していたときのことだった。濃姫は大きくなっても六〇グラムまでとされていたのだが、奥田はそれをはるかに超える八五グラムの濃姫を作ってみせたのだった。もちろん、形もイチゴらしい円錐形をしており、見栄えも良かった。

なお、このとき奥田は岐阜新聞に電話をかけ、巨大なイチゴが穫れたことを知らせた。すぐに記者が取材にやって来て写真を撮り、翌日の紙面に掲載された。奥田がマスコミに自身のイチゴ情報を流して取り上げてもらったのはこれが最初だった。

濃姫よりもさらに大きくなる美人姫では、さらに栽培が難しいことは素人でも想像がつく。サイズ、形状、味、香り、食感……。すべての土台は遺伝子にあるとはいえ、あれだけ高品質の実を育てるには、さまざまな栽培技術や工夫がいるに違いない。もちろん、それらはトップシークレットではあるが、奥田に可能な範囲で教えてもらった。

奥田流栽培テクニックを尋ねてみた

奥田の栽培方法で驚いたのは、摘花《てきか》や摘果《てきか》をしないというやり方だった。果実の栽培では、実を太らせるため、花や実を間引《まび》きして数を減らし、少なくした果実に栄養を集中させることが常識とされている。なお、花を摘《つ》んで間引きするのが摘花で、実を摘むのが摘果である。

イチゴでも、どこの農家も摘花もしくは摘果をやっている。

「ぼくは花や実の間引きをしませんよ。実の成長を見ながら、しっかり手を入れてやると、ちゃんと大粒の実がつきます」

どのような手入れをするのかは教えてもらえなかったが、花や実を摘むより、葉の枚数が大事だという。

「通常、一番果（最初に着いた実。頂果《ちょうか》ともいう）を収穫して、四枚か五枚の葉が出た後で二番花が咲く。葉が六枚になる人もいれば、逆に苗のバランスがよいと三枚の葉が出た後に二番花が咲くこともある。二番花が咲く前に葉がたくさん出ちゃうと、それに栄養を取られて、二番果が大粒にならないんですわ」

つまり、葉の枚数が実の太りに影響するのだ。そして、その葉の数を少なく抑《おさ》えるのも技術しだいだそうだ。

「美人姫の場合は、一番果の後、だいたい三枚半で二番花が咲きます」

葉の枚数は、実の太りだけではなく、実の形にも影響するという。

「一枚の葉が出るのに、一週間から一〇日かかるんだけど、仮に一週間とすると、葉が三枚半出るのに二五日ほどかかる。五枚だと三五日もかかる。つまり、葉の枚数が多いと、一番果と二番果のつく間隔が余計に広がることになる。着果の間が開くと、イチゴの形が乱れるんですよ」

実の形が平べったくなったり、足が生えたような形になったりする。そうなると、商品価値が著《いちじる》しく低下する。

元来、二番果は形が乱れやすいものだという。

「一番果で八割ぐらい正常果ができたとしても、二番果では六割ぐらいに下がるのがふつ

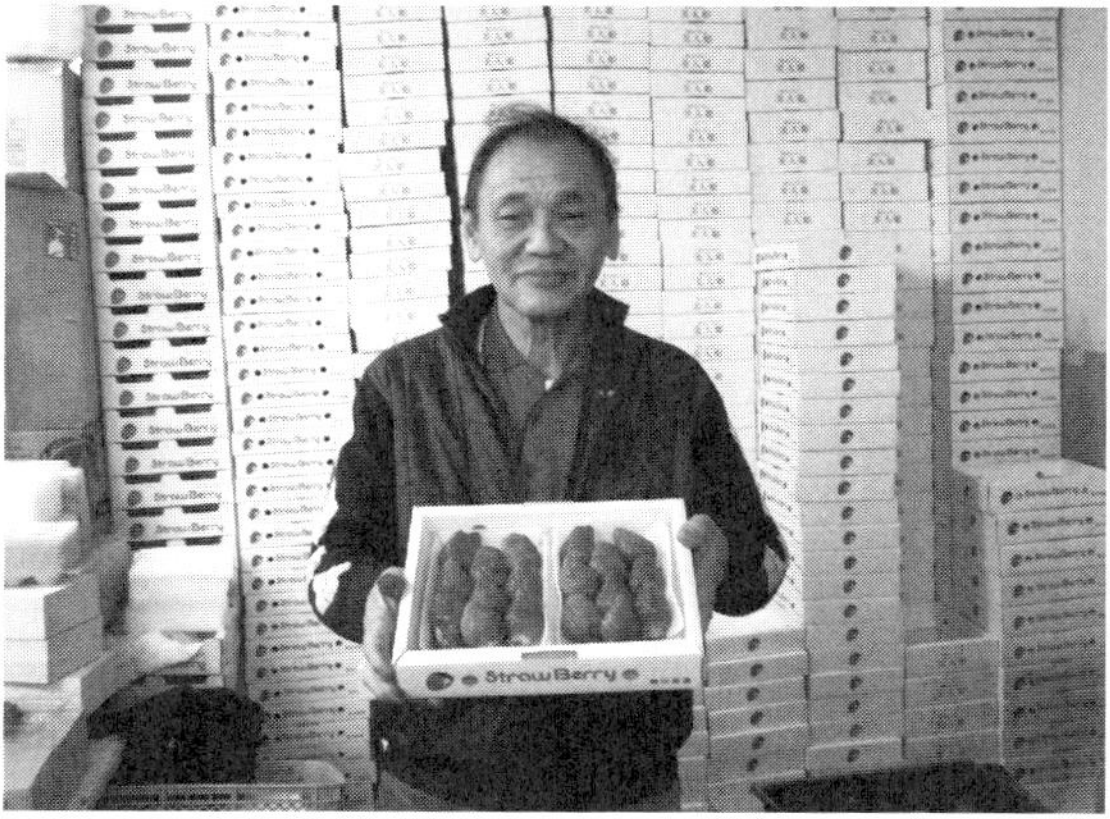

奥田美貴夫氏。作業小屋にて

うなんですよ。それくらい二番果は奇形果ができやすいし、一番果をきれいに作らないと、二番果にも響いてくる。それが葉の枚数が増えて、一番果と二番果の間隔が開くと、二番果の奇形率がもっと増えてしまうんですわ」

一番果の出来と、二番果ができるまでの葉の枚数。これらが二番果以降でも形の良い大粒の美人姫を作っていく秘訣なのだ。

「一番果の正常果率は、うちは九五パーセントくらい。ほとんどが正常果だし、二番果でもあまり変わりない。要は、休眠打破を完璧にやって、そのあとも温度や水、光の管理をちゃんとやって、栄養のバランスを保ってやる、ということです。人間でも栄養のバランスが悪いと、太ったり痩せたりするでしょう。イチゴも同じなんですよ」

奥田の口から出た「休眠打破」とは、イチゴを冷蔵した後にハウスに戻すことで、イチゴが冬に休眠することを強制的に阻止することをいう。

奥田は、冷蔵の重要さを強調する。

「冷蔵庫に入れると、根の伸張はゆっくりになり、じわじわ張っていく。その間に力をためる。冷蔵庫でじっくり熟成させることで、大粒で形も素直な実がつくんですよ」

冷蔵期間中に植物体内にエネルギーがたまり、それが目覚めたときに実を太らせ、おいしくするのだ。

しかし、最も大事なのは冷蔵庫に寝かせたイチゴを完全に目覚めさせることだという。イチゴにまだ眠りたいという気持ちが少しでも残っていると、立派な実がつかないらしい。だから、

「完全に休眠打破することが何より重要。そのために、ぼくは冷蔵庫にちょっとした工夫をしてるんですわ。冷蔵庫にもいろんなタイプがあるけど、ぼくのは特殊で、これだと完璧に休眠打破ができます」

ただ、どんな工夫を冷蔵庫にしているのかは、例によって企業秘密だった。

「ひと粒五万円」はベラボーな値段か

美人姫が誕生し、形質も安定した。苗も増やし、生産体制も整った。

いよいよ売り出しなのだが、その前に決めなければならないことが残っていた。値段である。いったいいくらで美人姫を売るか、価格を設定しなければならない。

奥田は、美人姫の販売を大きく二つに分けて考えていた。一つ目は、地元の家庭で食べてもらうためのプラスチックパック商品の販売である。数百円の値付けで、従来どおり自動販売機で売る。

自販機での販売にはすでにある程度目処《めど》が立っており、地元で愛され食べられてきたからこそ、これまで奥田農園の経営が成り立ってきた。それを、美人姫でも続けていく。もちろん、贈答用の注文があれば、臨機応変《りんきおうへん》に対応していく。

二つ目は、美人姫ならではの巨大粒の、高級贈答品としての販売である。こちらは、桐箱入りをA～Fの六タイプ、紙化粧箱入りをEとFの二タイプ、合計八種類のセットを用意し、価格を決めた。

桐箱入りの最上級Aセットは、ひと粒五万円である。八〇グラム以上の粒を桐箱の真ん中にでんと鎮座させた。次のBセットは七〇～八〇グラムの粒が五粒入って、同じく五万円である。以下、果重と個数の組み合わせが異なるC、D、Eのセットを三万円、二万円、一万円で用意し、ひと粒三八グラム前後の粒が一五個入ったFセットを八〇〇〇円にした。

一方、桐箱より安上がりな紙化粧箱入りのほうは、四〇グラム前後の粒が一二個入ったEセット六〇〇〇円と、三五グラム前後の粒が一五個入ったFセット五〇〇〇円のみとした。EとFのセット名が桐箱と重複しているのは、粒の個数が同じだからである。

これらの値付けに、奥田もずいぶん悩んだ。とくに、「ひと粒五万円」とはベラボーな金額だと思われやしないか、本当に買ってくれる人がいるのか。正直、奥田自身も不安だった。

「ひと粒五万円」と聞くと、ほぼすべての人が驚きの表情を見せる。ご祝儀《しゅうぎ》相場かと尋ねる人も多い。

ご祝儀相場とは、周知のとおり、市場の初競《はつせ》りなどのときに、通常時の相場とはかけ離れた高い金額がつくことをいう。夕張メロンが二玉で二五〇万円、二二二キロのマグロが一本一億五五四〇万円、ルビーロマンがひと房一〇〇万円など、ある意味法外な値段が世間の話題をさらうことも多い。

ご祝儀相場には、その名のとおり生産者へのご祝儀の他、景気づけ、競り落とすことで宣伝になる、などの意味合いがあるが、あくまでそのとき限りの値段である。

しかし、そもそも奥田は青果市場に美人姫を出荷しておらず、ご祝儀相場などとは縁がない。「ひと粒五万円」は、上記のとおり、奥田が自分で値段を決めた、通常の販売価格である。

じつは、奥田は値付けする前に、上京して高級果物商の店先を見て回った。そして、他品種のイチゴや他の高級ブランド果物の価格を確認して、美人姫の値段を決めた。だから、「ひと粒五万円」は、けっして突出したベラボーな金額ではないのだ。

たとえば、ルビーロマンの「ひと房一〇〇万円」はご祝儀相場であるものの、通常でもルビーロマンの最高級規格品は、デパートや高級果物商の店頭でつねにひと房一〇万円前後の価格で売られている。青果市場に出荷される農作物の価格は相場次第なので一概には言えないが、ご祝儀相場ではなく、一個で一〇万円以上の値段をつけて売られている（売られたことがある）果物は、メロン、スイカ、パパイヤなど数多い。

筆者は「ひと粒五万円」に、奥田の美人姫に対する生産者としての自信と誇りを感じる。最高のイチゴである美人姫を、他品種のイチゴより安く売るわけにはいかない。そして、イチゴの名誉にかけても、他の果物に劣るような値付けはできないと、奥田は思ったのではないだろうか。「ひと粒五万円」は「美人姫は日本一のイチゴである」という、奥田の宣言なのだ。

もちろん、消費者が美人姫の値段を高すぎると判断すれば、美人姫は売れない。奥田の負けといってよいだろうし、値段を下げざるを得なくなるだろう。結局のところ、消費者が美人姫の価値を判断するのであり、高額の価格設定は賭けともいえる。

桐箱や紙化粧箱入りの高額な美人姫を自宅で食べる人は（たぶん）そう多くないと思われる。しかし、高級ブランド果物には歴とした贈答用需要があり、マーケットがある。

ただし、大きな誤解もある。需要があって五万円で売れるのなら、一シーズンに二〇〇個もさばければ、それだけで売上が一〇〇〇万円になる。なんと効率のよい農業ではないか。二〇〇〇個売れば一億円になる！　と他人の懐《ふところ》ながら皮算用してしまいそうだが、もちろんそんなうまい話はない。

重さが八〇グラム以上の「ひと粒五万円」のイチゴは、一シーズンにそんなに穫れないのだ。しかも、収穫された粒には見栄えの悪い形や色のものも多少は混じっているし、傷がついてしまった実もある。そういうものは弾《はじ》かれる。出荷できる巨大粒はそう多くないのだ。

再びルビーロマンを例にとれば、最上級規格である「プレミアム」は、二〇一五年シーズンわずか七房しか出荷されなかった。もちろんブドウ栽培農家全体で、である。しかも、出荷できたこと自体が四年ぶりのことで、二〇一二〜一四年と三年続けて「プレミアム」の出荷数はゼロだったのである。ただし、これは最上級規格の出荷基準が厳しいことの裏返しであるといえる。

いずれにしろ、高級贈答品は美人姫の顔であるとはいえ、販売額はさほどでもない。農園経営の土台はやはり家庭向け、数百円のプラスチックパック商品なのである。

第四章
一人で六次産業化

ＩＴを使いこなす意外な訳

美人姫ができるまでは必要がなかったため、奥田は贈答用高額品の販売ルートを持っていなかった。しかし、高額品は地元だけではどうしても数が出ない。東京、大阪、名古屋などの大都市圏への販路を開拓することは急務だった。

いかにして都会の人に美人姫を知ってもらい、高額品を買ってもらうか。奥田の次の課題は都会への売り込みだった。

最初に行なったのは、東京の高級果物商への売り込みだった。有名高級果物商の店頭に美人姫を並べてもらえれば、知名度がアップし、高級ブランドのイメージもつく。高級果物商と取引したがっている農家や農協が多いのはそのためだ。

美人姫を見るなり、今やおきまりの反応だが、店のバイヤーは非常に驚いた。

「すぐにでもうちに納めてほしい。なるべく大粒を提供してくれませんか」

バイヤーの反応は上々だった。

しかし、結論を言うと、奥田のほうから取引を断わってしまった。販路拡大とブランド力アップの一石二鳥となる、せっかくのチャンスだったのに、である。

「はっきり言うと、値段の問題ですわ。向こうが希望する納入価格が予想以上に安かったんです」

高級果物商は店頭価格が高いことで有名だ。だからこそ「高級果物商」であり、そこで売られている果物に高級ブランドのイメージがつく。その店頭価格からして、納入価格もそれなりの金額だろう、と奥田は踏んでいた。ところが、当てがはずれた。

「結局、マージンの取り過ぎなんですわ」

奥田の気性がここでも顔を出したのだった。とにかく、商品を右から左へ流すだけで、高額の中間マージンを取る商売が嫌い。奥田の言葉を借りれば、「他人のふんどしで相撲を取るような商売のやり方」が生理的に受け入れがたいのだ。

高級果物商にも自社の商売のやり方や事情があるだろうから、筆者としてはどうのこうの言うつもりはない。

ただ、奥田がわがまま勝手を言っているだけでないことは、後に有名デパートと取引を始め、現在も順調に取引を継続していることからもわかる。要は、中間マージンの額であり、有名店に販売してもらい、有名店のブランドイメージを借り受けるメリットとのバランスの問題なのだ。

今もさまざまな企業から頻繁に取引依頼が寄せられるが、

「バイヤーさんも仕事だから値段交渉をしてくるけど、うちとしては安く売るつもりはないです、とはっきり言ってます」

とはいえ、高額品の販売ルートの開拓は急がなければならなかった。

そこで、奥田が始めたのはインターネット通販である。

まず(株)アイオンラインが運営する通販サイト「日本ロイヤルガストロ倶楽部」を介《かい》して、通信販売を始めた。

そして、美人姫のホームページも立ち上げた。専門業者に依頼し、美人姫と奥田農園の紹介ページと、通信販売のページを作った。ホームページで注文できるのは、前出の贈答用A〜Fセットである。

今では、ホームページを立ち上げ、農作物をインターネットで通販している農家も珍しくない。ただし、それをやっている人の多くが、若い農園経営者である。失礼ながら、六○歳を超えた農業者でインターネットを積極的に利用した販売や情報提供を行なっている人は少ないのではないだろうか。

これは何も差別的な意味で言っているのではない。日常的にインターネットを利用せざるを得ないサラリーマンだった人なら、定年後も抵抗感なくインターネットを続けられるだろうが、農家の場合は必ずしもパソコンに触る必要がないため、パソコンやインターネットに疎《うと》い人が相対的に多いだろうというだけのことである。

奥田が初めて美人姫の大粒を作った頃に実施された農林水産庁の『平成一七年度　農林漁家におけるパソコン等の利用状況調査』の結果によると、調査農家（回答数二〇三七戸）のうち、パソコンを「インターネットによる仕入、購入及び販売」に使っている農家は五七戸（二・八パーセント）に過ぎなかった。

しかもこの調査は年齢の区分けがされていないので、五〇歳以上に限ると比率はもっと下がるだろう。ただし、農家を農協出荷と直売に分けて、直売農家だけを対象にすれば、逆に比率が上がると思われる。

いずれにしろ、奥田にはインターネットに対する抵抗感がなかった。その理由は、

「株ですわ。少額だけどね」

聞けば、奥田は以前から趣味で株式投資をやっており、インターネットで会社情報や株価動向をチェックし、株の売買もネットで行なっているのだという。ＩＴを使いこなしているのだ。

「でも、パソコンじゃあないんですわ。携帯電話のｉモードですよ」

自分では未だにパソコンには触らないという。ｉモードとは、ＮＴＴドコモが提供している、携帯電話でのインターネット接続サービスのこと。

「おかげで、インターネット通販のこともだいたいわかってました」

それで、美人姫のホームページを開設したり、インターネット通販を始めたりできたわけだ。株式投資では損ばかりしてきたというが、何がどう幸いするか、わからないものである。

美人姫のインターネット通販では、贈答用高額品だけの予約注文を受け付けている。残念ながら、数百円のプラスチックパック商品は注文できない。

大粒は収穫しだいなので、収穫できたときに順番に発送している。

琴欧洲の結婚披露宴でイチゴ入刀を！

ホームページを開設したり、インターネット通販を始めたりしても、商品名自体が知られていなければ、誰もページにアクセスしないし、商品を購入してくれないことは当たり前の事実。美人姫を売るためには、知名度を上げなければならない。

美人姫ができたとき、テレビ局が九局も集まって報道してくれたが、それは一回限りのこと。もっともっとマスコミに宣伝してもらうためには、何か話題作りが必要だった。

そんなとき、耳寄りの情報が入ってきた。佐渡ヶ嶽《さどがたけ》部屋の琴欧洲《ことおうしゅう》関の結婚話である。琴欧洲はブルガリア出身の大相撲力士。二メートルを超す長身で欧州勢初の大関にまで出世した人気の関取である。二〇一四年に引退して、今は鳴戸《なると》親方として後進の指導に当たっている。

その琴欧洲が現役時代の二〇一〇年二月一四日、東京都内のホテルで結婚披露宴を催《もよお》すことになったのだ。それがなぜ耳寄りの情報かというと、お相手の女性の実家が、大相撲名古屋場所の際に佐渡ヶ嶽部屋が宿舎として利用している、愛知県一宮市の金剛幼稚園のすぐそばだったのだ。

一宮市といえば、木曽川をはさんで羽島市と隣どうし。奥田農園から金剛幼稚園までは車で一五分足らずの近さである。奥田は名古屋場所中、稽古場の風景を見学に何度も金剛幼稚園に足を運んでいた。

といっても、佐渡ヶ嶽部屋と懇意にしていたわけではなかった。単に一ファンとして、稽古を見に行っていただけなのだが、奥田は地元にゆかりのある（本当は隣町といっても他県だが）琴欧洲の結婚相手が、やはり地元（くどいようだが、他県）の女性と知って、好機到来と考えた。

もちろん、奥田は婚約者の女性とも会ったことはなかったし、彼女の実家と付き合いがあったわけでもない。しかし、それでも奥田はチャンスだと考えた。

「結婚式に美人姫を提供しよう」

奥田はそう思いつくと、美人姫を持って単身佐渡ヶ嶽部屋に出向いた。そして、（先代の）佐渡ヶ嶽親方に美人姫の無償提供を申し出たのだ。

奥田の狙いはこうだ。今をときめく人気力士の結婚式である。マスコミがこぞって集まり、テレビカメラも入るに違いない。その披露宴で巨大な美人姫が登場すると、「あの大きなイチゴはなんだ」と注目されるはずである。すごく宣伝になる！

ただ、ここまではちょっと機転の利《き》く人なら思いつくこともあろう。ところが、その先の奥田のアイデアは、おそらくは誰にも思いつかないだろう。

「イチゴを結婚披露宴に提供したい」といえば、ふつうデザートで出すか、引き出物として配るかを想像するだろう。だが、奥田の提案はまったく違っていた。

あろうことか、ウェディングケーキ入刀の代わりに（あるいはケーキ入刀の前後に）、美人姫に入刀するというものだった。巨大な美人姫だからこそできる演出である。

美人姫をウェディングケーキの側《そば》に立て、ケーキ入刀と同じ要領で、新郎新婦の二人が一緒にナイフを持って美人姫に入刀する。列席者は巨大なイチゴに驚くに違いない。皆の想い出に残るサプライズな演出であり、美人姫の名前も記憶に刻まれるだろう。それがテレビ画面に映し出されたら、大反響間違いなしである。

しかし、いったいどうして、奥田にこんなアイデアが浮かんだのか。それは、京都の一流ホテルからの注文がきっかけだった。

「美人姫の噂を聞きました。一度食べてみたいので、できるだけ大粒の美人姫を送ってほしいのですが」

ホテルのレストランのシェフと名乗る人物からの電話だった。

奥田がさっそく発送したところ、数日後に再び連絡があった。

「予想以上に大きかったので、ナイフとフォークで食べました。レストランでお祝いの席に使いたいので、今後取引したい」

とのことだった。

このシェフの話を聞いて、奥田はイチゴをナイフとフォークで食べるのなら、イチゴ入刀があってもいいかも、とひらめいたのだ。奥田のアイデアマンとしての面目躍如といったところだろう。

奥田の提案に対して、佐渡ヶ嶽部屋サイドも「おもしろい」と乗り気になってくれ、話がとんとん拍子に進んだ。型どおりのケーキ入刀より、意外性のある楽しい演出だと思ってくれたのだろう。

しかし残念ながら、最終的にホテル側に拒否された。ホテルでは出入りの業者が決まっており、一般に持ち込みが禁止されていることが多い。一流ホテルともなるとなおさらだ。とくに食べ物の場合は、食中毒の警戒からも持ち込みは難しいようだ。

琴欧洲の結婚披露宴で「美人姫入刀」が実現していたら、どんなにか話題になったことだろう。返すがえす残念だが、奥田はあきらめていなかった。

このアイデアをホームページに載せたところ、後日、結婚を控えたカップルから問い合わせが来た。そしてカップルが式場のホテルと交渉した結果、名古屋のホテルで開かれた披露宴で、美人姫入刀が初めて実現した。

その後も、ホームページで見たという問い合わせが散発的に寄せられている。

テレビ番組『行列……』に出血大サービス

美人姫入刀のアイデアには驚かされたが、それよりも印象に残ったのは、奥田の行動力である。何の伝《つて》もないのに、佐渡ヶ嶽部屋へ飛び込んで交渉するなど、なかなかまねできるものではないだろう。それだけ美人姫に賭けているということか。

「家で待ってても、誰も来ませんからね。犬も歩けば棒に当たるじゃないけど、歩き回らないと、棒にも当たらんでしょう」

そんな奥田の行動力が思わぬ展開を呼び込んだ。琴欧洲の結婚披露宴では、もう一歩のところでアイデアは日の目を見なかったものの、人気大関・琴欧洲の結婚ということで、披露宴の開催日前から多くのマスコミが琴欧洲と佐渡ヶ嶽部屋周辺を取材しており、美人姫のことを聞きつけたのだ。

最初にコンタクトしてきたのは、日本テレビの人気番組『行列のできる法律相談所』の関係者だった。奥田農園に電話がかかってきた。

「美人姫を番組内で紹介したいので、ぜひ提供してくれませんか」

奥田には願ってもない東京のテレビ局からの申し出だった。しかも、全国放送の有名番組である。歩き回った犬が棒に当たった格好だ。

「すぐにOKしました。ここが勝負だと思って、大盤振る舞いしましたわ」

奥田は、ひと粒五万円のイチゴを一三個と、二個五万円のを二箱、五個五万円を二箱。それに紙化粧箱入りも合わせて、合計で一三〇万円分を抱えて上京した。そして、奥田も生産者として出演した。

「『行列』の関係者以外にも食べてもらおうと思って、多めに用意したんですよ」

かなりな出血サービスだったが、その甲斐はあった。

番組内で、美人姫が披露されるやいなや、出演者全員が美人姫の大きさに驚きの声を上げた。そこで、当時司会者を務めていた人気タレントのS氏が、「だけど、ひと粒五万円のイチゴなんて、誰が買うねん」と、漫才師出身らしく鋭い突っ込みを入れた。そして、おもむろに美人姫にかぶりつくと、今度は逆に「うまい！　これは買うで」と、絶賛してくれた。

S氏に続いて、出演者たちが次々に美人姫を食べ、そのおいしさにうなった。

「これまで、実が大きくなると大味になると思ってたけど、間違いだった」

と、素直な感想も出た。

そのときの出演者には、弁護士のレギュラー陣の他に、大食いで名を馳《は》せていたギャル嬢もいたのだが、彼女は思わず二個目をつまみ上げて、無意識のうちに口に頬張ってしまった。すると、すかさずS氏が再び「お前、それで一〇万円食ったんやでぇ。今日のギャラはなしや」と突っ込み、スタジオが笑いに包まれた。

通常、この手の番組では出演者のやらせ的な演出が欠かせないが、美人姫にはそうした演出は必要なかった。ただ、見たまま、食べたままの感想を言ってもらえればよかった。番組としても大成功だった。

「スタッフの人も喜んでくれ、他の番組にも紹介してくれました」

それから、『行列』を見たという他局の関係者からも多数連絡が来るようになった。直後にNHKの『ためしてガッテン』でも、「美人姫」の名前は出さなかったものの、岐阜で栽培されたイチゴということで紹介された。

以来今日まで、美人姫が紹介された番組の数は数え切れないほどで、奥田が自ら美人姫を抱えて出演したことも多い。

結局、宣伝効果は『行列』に提供した美人姫の値段の何十倍、何百倍にもなったのではないだろうか。

「関西テレビで紹介された後は、大阪から車で買いに来られた方が何人もいましたよ。羽島には新幹線の駅の他に、名神高速のインターチェンジもあって、交通の便は本当にいいですからね」

改めて地図を見るまでもなく、岐阜県は本州の中心に位置する。西へ行くのにも、東へ行くのにも便利だ。

しつこいようだが、戦国時代に織田信長が天下統一まであと一歩というところまで迫ることができたのも、本州の中心で京都にも近い岐阜を押さえたことが一因だろう。

「おかげで、東京のテレビ局も大阪のテレビ局も来てくれます」

筆者が訪れたときも、作業小屋の壁に掛けられたホワイトボードに、NHKの夕方のニュース番組の生中継の他、テレビと雑誌の取材予定がいくつか書かれてあった。

テレビで紹介されたことで、美人姫が大手菓子メーカーの目にも留まった。のど飴で有名な味覚糖グループのUHA味覚糖社が発売している「e-maのど飴」のイチゴ味に、美人姫が採用されたのだ。二〇一四～二〇一五年にかけて期間限定で発売され、三〇万個を完売した人気商品となった。

また、知名度が上がるにつれて、インターネットでの販売数も増えてきた。

「注文は北海道から沖縄まで、全国から来ます。石垣島へも送ったことがありますよ。北海道にはリピーターになってくれた人がいて、その人だけでももう四、五回くらい発送してますわ」

北海道はいいとしても、沖縄には発送時期に気をつける必要があるという。美人姫の収穫は一二月から五月初めまでなので、三月以降はかなり暖かくなるからだ。

「石垣島へ送ったとき、飛行機の中でイチゴがだめになったことがありました。お客さんのところに着いたときにはもう傷みがきていて、すぐに再発送しました。二回目は大丈夫でしたが、フライトが遅れたりしないか心配です」

とびっきりのジャムとジュースを美人姫で

贈答用高額品の販売も順調に伸びてきたものの、収穫された大粒がすべて売れるとは限らない。ちょうど注文があまり入っていない時期にたくさん大粒の実がつくこともある。自動販売機で売っている美人姫にしても、いつもすべて売り切れるわけではない。大粒でも小粒でも、売れ残りは必ず出てくる。

また、せっかくの大粒も、わずかでも傷がついた場合は、贈答用にならない。これも在庫になる。生鮮のイチゴはそんなに日持ちしないので、うかうかしていると売れ残ったイチゴはすぐにだめになる。捨ててしまうにはあまりにも惜しい。

農協出荷のときは、傷物以外は全量引き取ってくれたので、そういう意味では楽だった。しかし、直売に土俵を移した今、すべて自分でなんとかしなければならなかった。奥田はジャムに加工することにした。

以前栽培していた他品種のイチゴではジャムを作っても大して売れなかっただろう。他のジャムと差別化できないし、大手メーカーの商品と価格競争になれば、売れても赤字になるだけだったと言える。

だが、美人姫を原材料にできる今なら、日本一のイチゴ・美人姫を前面に出したブランドジャムとして売り出せる。奥田は美人姫のジャム製造に乗り出した。といっても、奥田農園でジャムを作ることはできないので、委託製造してくれる工場を探した。

しかし、当時岐阜県内にはジャムを製造している会社がなかった。そこで、隣の果物王国・長野県の電話帳を繰《く》り、それらしい会社に片っ端から電話をかけた。そして、ようやく製造を引き受けてくれる工場を一つ見つけ、二〇〇九年に初めて美人姫のジャムを七〇〇個ほど作った。

「ふつう、加工品にはくず同然のものを使うけど、うちは売れ残ったけど品はいいものを使ってますよ」

奥田が自慢するとおり、美人姫のジャムは、さわやかな甘さが特徴で、果肉もたっぷり入っている。

奥田は続いて、イチゴジュースの委託製造も開始した。美人姫はもともと果汁が多く、ジューシーさが売りの一つ。その果汁を搾《しぼ》って、含有率が四〇パーセントと二五パーセントの二タイプのジュースを作った。

四〇パーセントのほうは味が濃厚なので、ヨーグルトやアイスクリームにかけて食べたり、西洋料理や洋菓子のソース向きである。ジュースとして飲むときは水や牛乳で割って飲むのがよい。一方、二五パーセントのほうは冷やしてそのまま飲むのがおいしい。

美人姫のジャムとジュースは、美人姫（奥田農園）のホームページからでも、日本ロイヤルガストロ倶楽部のホームページからでも購入できるようにした。

また、両品は地方銀行一七行（二〇一五年一二月現在）が連携した「地方からの贈り物プロジェクト」の名産品に選ばれ、当該ホームページでも販売されている。「地方からの贈り物プロジェクト」とは、地域経済活性化のために、地方銀行が連携して自行の取引先が扱う地域の名産品を厳選して通販する事業である。東海地方では美人姫のジャムとジュース（六品）を含め、菓子や酒類、和牛肉など合計一一二品が販売されている。

なお、奥田は今後、美人姫を原料に使ったイチゴのソフトクリームやアイスの製造も計画している。

ところで、「美人姫のジャムとジュースを作った」ことを簡単に紹介したが、これが当初の予想以上の大仕事だった。というのも、中身の加工は工場に任せるものの、それらを詰めるビン選びから始まって、ビンの形状に合わせてラベルも作らなければならなかったし、新たな包装箱もしかり。外身の細々《ほそぼそ》とした仕事が非常にたくさんあるのだ。

これらがすべて奥田にのしかかってきた。しかし、奥田はそれらの新しい仕事に楽しみながら取り組んだ。こうして、美人姫を原料にした加工品の製造が軌道に乗り出した。

加工用途以外でも、奥田の元にはケーキや洋菓子、カクテル類などに使いたいという業務用の引き合いがたくさん寄せられている。先に紹介した京都のホテルとの取引の他、地元のバウムクーヘン専門店が期間限定で、美人姫を使った『いちご生バウムクーヘン』を製造し、好評だった。

その他、消費者にお礼の意味を込めて、サプライズパックを作ったりもしている。サプライズパックというのは、些細な傷のために販売しなかった、本来は贈答用規格である大粒の美人姫をまぜたプラスチックパックのことで、ときどき自動販売機のロッカーに入れているのだ。通常、このようなイチゴは加工用に回される。

「数百円のパックに、ひと粒数千円クラスの粒を入れることもあるよ」

些細な傷でも、ちゃんと傷物が入っていることを表示して販売しており、消費者にはかなりお得なサプライズ商品である。こんなうれしいサービスがあるなら、消費者としては「売れ残りバンザイ!」である。

そういえば、筆者が無人販売所を訪れたときにも、ロッカーを入念に見比べて品定めしている客がいた。ロッカー式の自動販売機では、ガラス扉越しに商品が確認できるので、もしかするとサプライズパックを探していたのかもしれない。

六次産業化の政府認定事業者になる

奥田のように、生産者が自ら加工品を(委託)製造し、販売まで手がける例が、近年少しずつ増えている。このような業態を、政府は「六次産業」と呼んでいる。

一次産業は農林漁業、二次産業は鉱業・製造業や建設業、三次産業は流通や販売・サービス業を指すことはご承知のとおり。鉱業を一次産業に含める場合もあるが、いずれにしろ一次〜三次までの産業区分については広く知られている。なお、情報通信や医療、教育サービスなどを四次産業という場合があるものの、こちらはあまり定着していない。

では、なぜ農産物の生産から加工、販売までを一貫して行なうことを「六次産業」というかと言えば、農産物の生産（一次産業）と加工（二次産業）、販売（三次産業）を足し合わすと、一次＋二次＋三次＝六次だからである。もちろん、掛け算してもよく、一次×二次×三次＝六次になる。

農業以外でも、たとえば釣ってきた魚を干物にして販売したり、林業では伐採した木材を住宅用建材に加工して販売したりすることなどが六次産業に当たる。一次産業の産品からは多種多様な製品が作られ、大掛かりな事業も行なわれている。

しかし、奥田のように個人で加工・販売まで手を広げる生産者はほとんどいない。多くは生産者がグループを作って出資し合い、協力して六次産業化を目指すか、あるいは従業員を何人も雇っている農林漁業法人が行なう場合が多い。

政府は二〇一一年三月に、通称「六次産業化法」を施行した。これは、正式には「地域資源を活用した農林漁業者等による新事業の創出等及び地域の農林水産物の利用促進に関する法律」といい、簡単に言うと、六次産業化をはかって農林漁業をもっと発展させ、所得や雇用を増やそうという取り組みを応援する法律である。

「六次産業化法に基づく認定事業者」に選ばれると、資金や税金面での支援の他、商品開発や製造、販路開拓などについて専門家に助言を求めたり、経営相談したり、必要な情報提供を受けたりできるようになる。

法律が生まれた背景には、一般に、農林漁業者の所得が二次・三次産業従事者に比べて低いことがある。その理由が、一次産業の産品が相場次第であることと、生産(あるいは採取)した産品を単に組合を通じて市場に出荷するだけにとどまっているからであることは、農業の例ですでに述べたとおり。組合に出荷・販売を任せるのは楽には違いないが、それでは生産者の所得は上がらないのだ。

一次生産者の所得が低いままだと、若者も後継者になりたがらず、新規就業者も出てこない。農林漁業がますます衰退していくことを、政府は危惧《きぐ》しているのだ。

奥田は「六次産業化法」が施行された二〇一一年に、すぐに事業計画を提出し、「平成二三年度第三回六次産業化法に基づく認定事業者」に選ばれた。そのときの事業計画に基づいて、新たに委託製造を始めたのが美人姫のイチゴジュースである。

なお、国の農業者支援策には他にもいろいろなメニューがあり、奥田は現在も積極的に申請し、認定を受けて活用している。

食品展示会で桐箱入りの販路開拓

奥田にとって、国の事業の認定事業者になる利点は、生産者として信用が得られ、農産品やその加工品などの展示会や商談会に出品できることだと言う。

「個人の生産者が大きな展示会に出品しようと思っても、なかなかできませんからね」

国の認定事業者になれば、いわば「この生産者は信用できますよ」という国のお墨付きを得たに等しいので、どんな田舎の零細農家であろうとも、どこにでも大手を振って参加できるのだ。

大きな展示会ともなれば、日本全国から名だたる大手企業のバイヤーが集まってくる。

「それまでは、大手さんと取引したいと思っても、自分で売り込みに行くか、向こうが来てくれるのを待っているしかなかった。でも展示会に出品すれば、誰とでも話ができ、すぐに商談になることもある。総合商社や一流百貨店のバイヤーさんが、みんなやって来ますからね」

奥田は認定を受けたことで、積極的に展示会に出品してきた。

「東京ビッグサイトと幕張メッセで開かれた展示会には二回ずつ、国際フォーラムは一回かな。あと、インテックス大阪やポートメッセなごやでの展示会にも出品しましたよ」

まさに東奔西走だが、その甲斐あって成果は上々だった。

「総合商社のバイヤーさんとも、一流百貨店のバイヤーさんとも商談ができました」

そのうちの数社とは価格面でも折り合いがつき、取引が始まった。念願だった都会への贈答用高額品の販売ルートがこうして実現した。

奥田農園の作業小屋に掛けてあるホワイトボードには、デパートの名前や注文個数がいくつも書かれてあり、その後も取引が順調に継続していることを示していた。

ところで、奥田は今後海外へ美人姫を売り込むことも考えているのだろうか。イチゴやリンゴを筆頭に、メロン、柿、スイカなど、日本の果物が今や海外の富裕層に大人気であることは言《げん》を俟《ま》たない。

「とくにフーデックス・ジャパンには海外のバイヤーがたくさん買い付けに来ますね」

フーデックス・ジャパンとは、アジア最大規模の「国際食品・飲料展」で、世界中からバイヤーが集まる。

じつは、日本の食品商社から海外輸出の話を持ちかけられたこともある。

「中国、ロシア、中東……。弊社に任せてもらえれば、美人姫ならいくらでもさばいてみせます」

すでに、その商社は種々の果物でかなりの輸出実績があり、冷蔵便も問題ないと言う。海外販売にかなり自信があるようだった。

「ぜひ一緒にやりましょう」

しかし、奥田はまだその時期ではないと考えている。

「将来的にはどうなるかわからないけど……。それよりも今は国内でしっかり売ることですよ。おかげさまで、美人姫の知名度が徐々に上がってきたけど、まだまだですわ」

それに、輸出となると大粒の確保がますます大変になるし、奥田の作業量も一段と増えるだろう。

ここまで、直売を始めてからの奥田の仕事ぶりをあらかた見てきたが、いかに忙しい日々を過ごしてきたかがわかるだろう。農協出荷をやめてから、販売が栽培と並ぶ大仕事となった。加工品も作っている。これ以上仕事が増えるのは、正直無理なのではないだろうか。

第五章
ベンチャー奥田農園

奥田農園の風景

奥田の話を聞くために、筆者が初めて奥田農園を訪れたのは二〇一五年一二月初旬だった。

東海道新幹線が岐阜羽島駅に停車してくれるおかげで、羽島市へは東京からもアクセスしやすく、おまけに駅から奥田農園まではタクシーで約一五分という近さである。品川駅で「ひかり」に乗れば、二時間半後には奥田農園の作業小屋でイスに坐っていることができる。

奥田農園は、木曽川沿いの高い土手のすぐ側《そば》にある。土手といっても、そこには二車線の舗装道路が走っており、交通量もほどほどにある。

その土手に登って道路脇に立ち、東を見ると、八〇〇メートルほどもある川幅の向こう岸は愛知県一宮市である。そして、西を振り返ると、眼下に田んぼが広がっており、冬の今は茶色に変色した稲の短い茎《くき》だけが一面に取り残されていた。

このあたりでは主に、岐阜県でしか栽培されていない「ハツシモ」という品種の米が栽培されている。ハツシモは大粒でみずみずしく、味が濃いという特色がある。

田んぼの縁に建っている昔風の立派な屋根瓦の家屋が奥田の兄の家、つまり奥田の実家なので、この一帯の一部が兄の田んぼのはずだ。そして、田んぼの中にビニールハウスが一〇棟固まって並んでいるのが、奥田農園である。日本一のイチゴ・美人姫を作っているにしては、いたってふつうのハウスだ。

ハウスに挟まれたスペースに白いプレハブの作業小屋があり、そのずっと向こうの道路沿いには無人販売所も見える。ただし、奥田の自宅はここから車で五分ほど走ったところにあるという。

当日は雲もまばらな快晴で、昼にかけて気温もぐんぐん上昇していた。土手を登ったり、降りたりしたものだから、筆者はすっかり汗ばんでしまった。

ビニールハウスに近づくと、大きな換気扇のうなり声が聞こえてきた。ハウス内が暑くなりすぎないように、フル回転させて空気を入れ替えているのだろう。別のハウスでは、ビニールの裾が巻き上げられており、風が東から西へ通っていた。

一棟のビニールハウスの中を覗くと、イチゴが緑の葉を広げ、白い小さな花がそこかしこに咲いていた。その中に赤色が鮮やかな実や、まだ白い実がついており、二人の女性が

木曽川の土手の上から見た奥田農園のビニールハウス

ビニールハウス内の畝。ハウスは長さ 50m、幅 6m

真っ赤に熟した実だけを選んで丁寧に収穫していた。

通常、イチゴを摘み取る場合、軸を指でつまみ、実を手で持ってもぎ取るが、どんなに気をつけていてもイチゴの表面にいくらかの力がかかってしまう。イチゴは圧力に弱いので、へこみでもすればすぐに傷んで商品価値がなくなる。

そのため、奥田農園ではイチゴの軸を指でつまみ、とここまでは同じだが、つまんだ軸をハサミで切る。手で実をつかむことはけっしてしないのだ。美人姫はその名のとおり「お姫様」のように大事に扱われていた。

イチゴ作りは、門外漢が想像する以上に重労働である。イチゴ狩りをした経験がある人なら覚えもあるだろう。イチゴは背丈が低い草に実がなるため、世話をするのも収穫するのも、つねに腰をかがめて作業しなければならない。腰への負担は相当なもので、しゃがんで作業をする人も多いが、それでは今度は膝に負担がかかる。

奥田農園のビニールハウスは、長さ五〇メートル、幅六メートルで、各ハウスにはイチゴを植えた長い畝《うね》が五列並んでいる。両端の列を除いて、三列の畝には両側にイチゴが植えられているので、イチゴの列の総延長は、五〇メートル×八列×一〇棟で四キロメートルにもなる。その距離を腰をかがめた姿勢で進みながら、イチゴの手入れをしたり実を摘んだりするのは、肉体的にかなりつらい作業である。

腰への負担を軽減するために、現在は高設栽培という方法も広がっている。高設栽培とは、一メートルくらいの高さにイチゴを植える方法で、鉄パイプなどでベンチを組み、その上にプラスチックのケースなどを置いて、イチゴを栽培する。こうすることで、立ったままで作業ができるようになる。イチゴを植える培地には、重い土の代わりにピートモスやもみ殻などの軽い材料を使う。ピートモスとは、コケ類を乾燥・粉砕したもので、土地改良材としてもよく使われている。

しかし、奥田農園では昔ながらの地面に植える方法（土耕栽培という）のままだ。

「高設栽培は実がたくさんつくけど、小さいんですよ。大きい粒でもせいぜい三〇グラム。だから、大粒の美人姫には不向きなんですわ」

したがって、奥田農園の作業は重労働のままである。とくに、実の収穫時期はとてもじゃないが、夫婦二人でこなせるものではないので、一二月から五月までアルバイトを雇っている。先ほど収穫作業をしていた女性たちはアルバイトだった。

実の収穫作業だけでなく、出荷が立て込んで忙しいときは、ひと粒ひと粒重さを計って果重で実を分類する作業にもアルバイトを頼んでいるので、アルバイトの数は多いときで一〇人を超える。

これまで奥田農園を襲った危機

奥田農園がいちばん忙しいのは、出荷時期の冬から晩春までのおよそ半年間である。イチゴ栽培がどんなに重労働でも、残り半年はゆっくりできるのだからいいじゃないか……と思ったとしたら、大きな勘違いである。

奥田農園の一年をざっと俯瞰《ふかん》すると、一一月末くらいから出荷が始まり、クリスマスシーズンにピークを迎えるが、三月の雛祭りまではことさら忙しく、朝早くから夜遅くまで収穫と出荷に追われる。もちろん土日や休日などない。夫婦二人で働いているため、自宅でゆっくり食事をとることもなく、外食やコンビニ弁当で済ませる日が続くという。

出荷は五月の連休明けに終わるものの、そこから今度は次のシーズンに向けて苗取りの作業に取りかからなければならない。苗を育てている間はアブラムシやダニがつかないよう薬剤を散布したり、美人姫は炭疽病《たんそびょう》に弱いので、それへの注意も怠ることができない。

七月末から苗を順次冷蔵庫へ入れる作業が始まり、二五日経《た》つと苗を取り出して、ハウスに定植する。

そして、九月から花が咲き始めるので、それを待ってミツバチをハウス内に放って、受粉させる。ミツバチは養蜂業者からリースで調達する。

花が咲いてからおよそ三五~四〇日で実がつき、一一月末から再び収穫と出荷の日々が始まる。

このように、奥田農園は忙しい一年を送っているのだが、それでもうまくやりくりすれば、以前は奥田も好きな釣りに出かける時間が取れたし、家族で温泉旅行に出かけることもできた。

しかし、直売を始めてからというもの、販売にも力を入れなければならず、さらに品種改良を行って美人姫が生まれた後は、これまで紹介したとおり、奥田は多忙をきわめてきた。ここ数年は休みらしい休みをほとんど取れていない。

そのせいかどうかは別として、二〇一三年の四月に奥田は大病を患《わずら》った。ある朝、腹が痛くて立っていられないほどになり、病院に駆け込んだ。レントゲンを撮《と》ると、心臓と腎臓の間に大動脈瘤《だいどうみやくりゆう》が見つかった。

「大きなこぶで、医者もびっくりしてましたわ。よくも破裂せずにきたもんだと」

病気が人生設計を狂わせることは誰にとっても同じこととはいえ、独立事業者の場合、サラリーマンより深刻な事態になりやすい。事業存続どころか、明日の生活もままならないことになりかねない。

幸い奥田は手術で完治した。入院した時期がイチゴの出荷シーズンを終える頃だったので、農園の経営にもさほど影響が出ずに済んだ。

「医者からも、これからはあまり無理をするなと言われました」

以後、奥田は体調に気を配るようになった。

イチゴ栽培を始めて四十数年、奥田農園にもさまざまな困難や危機があったが、近年で最も痛手を被《こうむ》ったのは大雪でビニールハウスがつぶれたときだった。

「当時ハウスは八棟でしたが、そのうちの一棟が完全につぶされて、他のハウスも大なり小なり損傷を受け、そのぶんのイチゴが全部だめになってしまったんですわ」

すべてのハウスを修復するのに、かなりの費用がかかったという。

「申し訳なかったのは、予約のお客さんにイチゴを送れなかったことです。せっかく予約を入れてもらって、楽しみにしておられたと思いますが、大粒の数が足りなくて、がっかりさせてしまいました」

収穫に穴があいてしまったため、奥田は予約を入れてくれていたすべての客に電話をかけて事情を説明し、お詫《わ》びした。

数年前には泥棒に入られたこともあった。ある朝ハウスに入ったら、どことなく違和感がある。いやな予感がしてすぐにイチゴを調べた。すると、

「小さい粒は残して、大きな粒だけごっそり盗まれていました」

このときも、予約注文してくれていた客にお詫びの電話を入れたという。

全国各地で収穫前の果実が大量に盗まれる事件が起こり、ときどきニュースで流れるが、まさか自分のイチゴが被害に遭うとは思ってもみなかった。半年もの間手間暇かけて育てた果実をコソ泥に持っていかれ、奥田は言葉にできないくらい悔しかった。

この一件で、奥田農園には防犯装置が設置された。

地球温暖化がイチゴに与える影響

農家にとって最大の敵は、自然災害や気候変動である。

元来、羽島市はイチゴ作りに向いていると奥田は言う。土壌が肥沃で水が豊富なことは先に述べたが、開けた土地の割に寒暖の差が激しい羽島の気候も、イチゴ作りに合っているのだ。

「イチゴは、昼と夜の気温差が大きいと甘くなるんですわ」

昼は陽射しを浴びて暖かく、夜に冷え込むのが良い。しかし、昨今は地球温暖化の影響か、冬の寒さが緩んできている。とくに今冬は異常な暖かさで始まった。

一二月初めといえば、本来なら地元の人が「伊吹《いぶき》おろし」と呼ぶ、伊吹山を越えた冷たい北風が吹き下ろし始める時期。筆者が一二月初旬に訪れたとき、奥田農園から北西方向に見える伊吹山の山頂はまだ雪を被っていなかった。

昔は羽島市内でもよく雪が積もったというが、最近は雪が降ることもひと冬に数度あるかないかで、積雪はほとんどないという。奥田も今年が暖冬になるのを心配していた。

「一番果で、さっそく一一月二五日に四二・五グラムの粒が出ましたが、最初から大粒が出すぎるのも良くないんです。マラソンでも最初から飛ばすと、途中で息が上がってしまうでしょう。イチゴも同じで、一番果から太り過ぎると、あとが続かないことが多いんですよ」

奥田の不安はある程度現実になってしまった。今冬、異常な高温が正月を明けてもずっと続いたことを、ご記憶の方も多いだろう。冗談交じりで「今年は冬がないんじゃないか」と言う人もいるほどだった。

そして、その冗談もあながち的外《まとはず》れではなかった。というのも、(二〇一六年一月と二月の) 岐阜市のデータでは、一月になっても一日の平均気温が平年値を上回る日がずっと続き、平年値より下がったのはようやく一月一九日になってのことだった。ここでの平年値とは、一九八一〜二〇一〇年の三〇年間の平均値である。

結局、一日の平均気温が平年値以上だった日が、一月は二三日、二月も二〇日に及んだ。そして、一日の平均気温を一カ月で平均した月平均気温は、一月は摂氏五・七度 (平年値は四・四度)、二月は六・三度 (同五・一度) だった。今冬は記録的な暖冬になったのだった。

その影響で、今シーズンの美人姫の太り具合は今ひとつといったところだった。三月末の時点で、一〇〇グラム級の粒は一つも穫れなかった。ただし、そこはベテランの技で、八〇グラム級の粒を十数個確保し、贈答用高額品の注文に応えてきた。

実は、昨シーズンも収穫が不調だったので、二年連続の痛手となった。

「二〇一四年は一一月に気温が急激に下がり、実の太りがそこでちょっと止まってしまった。毎年、雪が降るとしても一二月に入ってからなのに、一昨年は一一月に伊吹山の雪が市内にもかかったので、バランスを崩したんです」

暖かくてもだめ、寒くてもだめ。農作物は気候の変動に敏感である。

「こっちのいいようにばかりはいかないですわ」

昨シーズンも、奥田は影響を最小限に抑え、八五〜八六グラムの粒を十数個確保した。

逆に、三年前のシーズンは天候に恵まれ、一〇〇グラム級の粒が五〇個以上穫れた。そして、そのうち最大のものは、これまでの美人姫の重量記録を塗り替える一一四グラムもあった。

一一四グラムともなると、見た目はほぼトマト並みである。誰もが度肝を抜かれる巨大さで、それこそ食べるのにナイフとフォークが必要と思えた。この記録はまだ破られていない。

年によって、これほどまでにイチゴの収穫に差が出るとは、改めて農業が自然しだいの仕事であることを思い知らされる。

もっとも、奥田に限らず、総じて農家は天候不順や自然災害に対して、達観しているところがあるようだ。あきらめといっても良いかもしれないが、それはネガティブな意味ではなく、自然現象は人間の力ではどうしようもないので受け入れるが、そんな中でもやれることはとことんやるというポジティブな気持ちである。

美人姫が食べ放題のイチゴ狩り

奥田は美人姫の販売方法を、自販機での販売から、インターネット通販、百貨店での販売などへ広げてきた。これで、販売については打つべき手はすべて打った、他にはもう販売手段はないと思いきや、まだ残っていた。観光農園、つまりイチゴ狩り用ハウスの運営である。

奥田には以前観光農園をやった経験があり、

「来年の三月から、また観光農園をやろうかと考えとるんです。昔、五年くらいやったことがあるんですわ。体を壊したときにやめたんです」

病気から快復した後も、美人姫の販路拡大などに忙しく、奥田は観光農園を再開できずにいた。

じつは今シーズンから復活させることも考えていたところ、二月にまたしても病が見つかり、三月に手術を受けたのだ。幸いにして病巣の発見が早く、今回も病を乗り越えることができたのだが、今季はあきらめ、二〇一七年に再開させることにしたのだった。

美人姫の出荷は、三月の雛祭りを過ぎると一段落する。五月の連休までは収穫・出荷を続けるものの、ピーク時の忙しさはなくなるので、余力を観光農園に振り向けるつもりだ。そのためのビニールハウスを五棟増設中なので、奥田農園は来シーズン、ハウス一五棟の布陣になる予定である。

観光農園をやっている農家のほとんどは、奥田と同様、出荷用ハウスと観光農園用ハウスを分けてやっている。観光農園をやる理由は、需要が減ってくる時期に、確実にイチゴがさばけ、一定の収入を確保できるからである。

しかし、観光農園だけを専業にする農家が少ないのは、それで得られる収入が少ないためだ。ただし、大勢の人が押し寄せる観光地などでは、農作物の種類によっては観光農園に特化した農家もある。

観光農園では、収穫や出荷の作業が不要になる半面、観光客を迎えるにあたって別の手間や苦労がある。

それに加えて、奥田は医者から無理をするなと言われている体である。だから、

「完全予約制にして、人数も制限してやるつもりですわ」

飛び込みでやって来るお客さんはお断わりし、前もって予約を入れてくれた人のみの入園とすることで、そつなくお客さんを迎えることができるし、駐車場が急に足りなくなるといった事態も避けられる。

奥田はすでに、団体客が利用する観光バス用の駐車場スペースについても目星をつけているという。

観光農園には特別な楽しみもある。観光客がおいしそうにイチゴを頬張る姿を間近で見

られることである。家族の笑顔や子どもたちの歓声が、生産者にとって栽培の苦労を忘れさせてくれるご褒美《ほうび》になるのだ。

「美人姫をたっぷり食べてもらいますよ」

観光農園には、イチゴのシーズンも終盤に近づいて、消費者に感謝の気持ちを込めた恩返しの意味もある。

基本的に、小粒でも大粒でも美人姫のおいしさは変わらない。それを一五〇〇円ほどの入園料で好きなだけ食べられるとなれば、観光客が大喜びすること間違いなしだろう。

しかし、これだけは知っておかなければならないのは、同じ美人姫ではあっても、三月上旬までのおいしさと比べれば、三月下旬以降はどうしても味が落ちる粒が増えてしまうことだ。春を迎えて気候が暖かくなると、根が伸び出し、茎や葉の勢いも強くなる。それに栄養を取られてしまい、実が大きくなりにくく、甘さも弱くなりがちなのだ。

「こればかりは仕方ないですわ。イチゴに限らず、桜の咲く頃の果物はおいしくないと言うんですよ」

それが自然の摂理というわけなのだが、

「それでも、できるだけおいしくなるように工夫して育てている」

と、奥田は言う。ただし、工夫の中身は例によって企業秘密である。

観光農園とともに、来季から新しくオープンさせるものに「美人姫の展示施設」がある。施設では、品種改良で美人姫がどのようにして誕生したかの説明や、栽培のようすなどを写した写真をパネルにして壁に並べたり、これまで収穫された中で最大の一一四グラムの粒のレプリカを展示したりすることなどを考えている。また、一年を通して美人姫のジャムとジュースを、シーズン中は美人姫そのものの販売も計画している。

農作物の一品種だけを、こんな展示施設を作って紹介・ＰＲするなんて、全国的にも例がない。まったく、奥田のアイデアには驚かされることばかりだ。

ただ、老婆心《ろうばしん》ながら、周囲からあらぬ噂ややっかみの声が出ないか心配でもある。美人姫でしこたま儲かっているのだろう、それを自慢するための道楽施設だろう、などなどである。

しかし、このような陰口をきく人がいたとしても、それはまったく見当違いである。この展示施設は政府の認定を受けて交付された助成金を基に、自己資金を追加して建てられるもので、地域農業活性化のための事業なのだ。前述した「六次産業化法に基づく認定事業者」のうち、事業が成功裡に進んだ者として新たな認定を受けて行なっており、来シーズンに始める観光農園もその事業の一つである。

こうした奥田の事業展開には岐阜県も期待を寄せており、美人姫の存在が「イチゴの産地としての岐阜県」を全国的に有名にし、ひいては県内農業全般の活性化につながることを望んでいる。

まるでベンチャー企業のようである

奥田農園には、美人姫の噂を聞きつけた全国の農業者団体や都道府県の職員がしばしば視察に訪れる。農林水産省東海農政局の役人も何度かやってきたという。

また、奥田の元には全国から講演依頼が舞い込んでくる。依頼は、農業関係者からよりも、中小企業の経営者の集まりからが多いという。その理由もよくわかる。奥田が農協を離脱してからやってきたことは、まさにベンチャー企業の活動そのものだからだ。

もちろん、奥田の農業には四〇年以上の歴史があり、最近農業を始めたわけではない。

しかし、奥田が農協を離脱して始めた直売は第二の起業ともいうべきもので、とくに美人姫を育種してからの毎日は、本書で紹介したように、波瀾万丈《はらんばんじよう》の日々だった。

奥田がやってきたことのうち、主なものをもう一度ざっと羅列すると、自動販売機での直売、新品種・美人姫の育種、インターネット通販開始、販路拡大のための努力、ジャム・ジュースの委託製造、政府の認定事業者登録、展示会への出品、そして今後行う観光農園と美人姫展示施設の開設……。筆者には、これらが新技術や新商品を開発して、製造し、販路を拡大していくベンチャー企業の姿に重なる。

奥田はこれらを基本的に一人でやってきた。その道程で遭遇した困難や失敗にどう向き合い、どのようにして克服してきたか。中小企業の経営者らは、奥田から苦労の果ての成功話を聞きたいのだ。

そしてまた、農業の若い後継者やこれから農業を始めてみようかと考えている若者にも、奥田の話は大きな力を与えるだろう。一人でもここまでやれるのだ。しかも奥田は五〇歳で始めた。ならば、自分にできないはずはない、と。

むろん農業には栽培技術が必要であり、それは一朝一夕《いつちよういつせき》には身につかない。しかし、それは大方の職業で同じであり、農業に限ったことではない。

日本で農業の後継者不足が言われるようになって久しい。データ上にもそれははっきり現われていて、一九九一年には二九三・六万戸あった販売農家が、二〇一五年には一三二・七万戸にまで減っている。減少した数は一六〇・九万戸、率にして五四・八パーセント。つまり、二四年間で販売農家がじつに半数以下に減ってしまったことになる。残っている農家の高齢化も甚《はなは》だしい。

ここでいう「販売農家」とは、自宅で食べる以外に、ちゃんと出荷して収入を得ている農家のこと。正確には、経営耕地面積が三〇アール以上、または農産物販売金額が五〇万円以上ある農家を指す。

若者の農業離れにはさまざまな理由がある。農業が、朝が早くて肉体的にきつい仕事であること、自然相手で不安定であること、そして何よりも第一に挙げられるのが、収入が低いことである。事実、日本の全農家のうち、農業による収入だけで生計を立てている専業農家の割合は、現在わずか二割にすぎないのだ。これでは、若者は農業に将来展望を持てない。

しかし、そうであれば、逆に農業が高収入の仕事になりさえすれば、後継者不足もかなり解消されるに違いない。サラリーマンや公務員に劣らない、いや、それ以上の収入が得られるのなら、多くの若者が農業に未来を懸けるようになるだろう。耕地面積が広い（＝収入の多い）農家ほど、子女が後を継ぐことがデータでも示されている。

一方、零細農家は国から補助金や優遇策を受けるばかりで、減ったほうが良いという議論もある。将来性のない農家に国民の税金が使われるより、後継ぎがいないために手放した田畑を、やる気のある農家や企業が取得して大規模化したほうが生産性が高まり、よほど日本の農業のためになるという理屈もわからないでもない。

しかし、生産性や効率化ばかりを追い求めていくと、日本の農業における多様性が失われてしまうだろう。地元でしか消費されないような伝統的な作物を栽培しているのは、主として零細農家だからである。

要は零細でも大規模な農家でも、大事なのは個々に収入を上げ、経済的に独立するという当たり前のことなのだ。

「量」より「質」の農業を目指せ

日本の農業に明るい兆《きざ》しがないわけでもない。近年、農業への新規参入者が増加傾向にあり、二〇一四年に新規参入した者のうち、三九歳以下の若者が全国で一九七〇人を数えたのだ。「新規参入者」とは、農家の子女ではなく、土地や資金を独自に調達し、新たに自分で農業を始めた人をいう。

また、同年における三九歳以下の新規雇用就農者は四六二〇人、新規自営農業就農者は八七一〇人。「新規雇用就農者」とは、新たに農業法人で働くようになった人、「新規自営農業就農者」とは、農家の世帯員で学生やサラリーマンだったのが自営農業を本業にした人のこと。

以上三タイプの新規就農者の人数を合わせると、二〇一四年の一年間に、新たに農業を本業として始めた三九歳以下の人の数は一万五三〇〇人に及ぶのである。

元々農業に憧れる若者は少なからずいる。彼らは都会で会社に縛られ、型にはまった生活を送るより、自然の中で土にまみれて働くことに魅力を感じている。そして収穫の喜びは、製造業でものを作る喜びにも増して大きいと考えている。

もっとも、販売農家の減少数に比べれば、新規就農者の数は微々《びび》たるものに過ぎない。とはいえ、農業を生涯の仕事に決めて飛び込む若者がわずかずつでも増えていることは希望の灯《ともしび》である。この灯を消さずにもっと燃え上がらせるためには、農業による収入のアップが何よりも重要である。

新たに農業を始める場合、多くは小規模な経営から始め、徐々に規模を拡大していくことが多い。しかし、小規模だからといって、低収入に甘んじなければならないわけではないことは、奥田農園が証明している。

奥田農園も基本的には、夫婦二人でやっている零細農家である。長さ五〇メートルのビニールハウスが一〇棟（一五棟に増設予定）という栽培規模も、イチゴ専業農家としてはけっして零細というわけではないとはいえ、近年ビニールハウスが数十棟から一〇〇棟を超える大規模イチゴ農園が全国各地で増えている中にあっては、奥田農園は小さな部類に入るだろう。だからこそ、奥田のこれまでのやり方には学ぶべきことが多い。

もちろん、奥田のやってきたことが成功への唯一の道ではないが、成功するためのヒントが奥田農園にはある。

奥田農園がベンチャー企業を彷彿させる精力的な活動を見せるのは、農協を離脱し、直売を始めたときからだった。自分で作ったイチゴを、自分で値付けし、自分で売る。直売が成功へのきっかけだった。

奥田も自分が直売を始める前までのことを思い出して言う。

「生産者の多くは、いい品を作ろうと思って、丹精込めて作物を育てていますよ。でも、それだけではだめなんですわ。販売を他人任せにしていては、農家の収入は上がらないんですよ」

直売するということは、生産だけではなく、販売まで自分が責任を持つということ。そして、減収になるのも増収になるのもすべて自分の責任になれば、よりいい品を作ろうと努力し、栽培技術も上がる。

「やる気のある生産者なら誰しも、相場に振り回されるのではなく、自分自身で値段をつけて売りたいと思っているはずですよ。しかし、全量を引き取ってくれる農協を離れて直売に踏み切るのには不安がつきまとい、なかなかできないものです」

とはいえ、近年は奥田が若いときとは状況が大きく様変わりしてきている。全国の直売所の一部には農協が運営しているところもあり、直売のハードルが低くなっている。

直売所には、農家が単独あるいは共同でやっている店や、「道の駅」の一画に設けられているものなどを含め、農林水産省の二〇一一年の調査では、日本全国で二万二九八〇カ所もある。

奥田農園の成功の裏には、美人姫が誕生したことがあったのは間違いない。品種改良で高品質な品種ができるのは少なからず運によるので、誰もが美人姫のような作物を育種できるわけではない。

しかし、思い返すと、奥田農園が直売を始めたのは美人姫が生まれる前の話で、他品種のイチゴを作っていた。

奥田は、自分が栽培したイチゴが百貨店で売られているのを知り、自信を持って直売を始めたのだ。

「日本人は舌が肥えてますよ。まずいものには手を出さないが、うまいものは多少値が張っても買う」

だから、奥田は「量」より「質」を重視した農業を目指すべきだと言う。

「果物の消費量が減っているのに、量をたくさん作ってもだめでしょう」

そして、自分が作った作物が、消費者にどう評価されているのかを知ることがとても大切だと強調する。うまいと思ってくれているのか、そこそこだと思っているのか。それを知るには、自分の作物がどこの店で、いくらで売られているのか、を調べるのがいちばんだと言う。

「それが消費者の評価ですから。直売をやるにしても、自分が作る作物の客観的評価を知らないと、値付けもできない」

奥田がこれまで長年続けてきた農業。その農業観を尋ねた。

「農業以外の仕事をしたことがないので、他と比べようがないけど、農業は一年一年が勝負。自然相手の仕事だから、毎年何が起こるかわからない。天候不順や天災や、病害虫にやられることもある。失敗も数え切れないほどある。一年をどう乗り越えていくか、農業はそれがずっと続く仕事ですよ」

奥田に限らず、農家は皆自然と戦い、失敗を繰り返しながら、農業を続けている。

「ぼくは、百姓はそれらの苦しみを一年一年乗り越えていってこそ、成長すると思っとるんです」

農業は甘くはない、苦労は山のようにある。

「だからこそ、一生をかけるおもしろさがあるのと違いますか」

奥田の百姓魂がそこにあった。

最後に、奥田にこれまで長年イチゴ栽培をやってきて、いちばんうれしかったことは何かと尋ねた。

「美人姫ができたときかな。一〇〇グラムの大粒がついているのを見たときは、本当にうれしかった」

と言った後、奥田は続けた。

「でも、それはあのときのこと。今は美人姫を食べてくれた人がおいしかったよといつも言ってくれるのがうれしい」


さて、ここまでの「第一部」では、生産者（奥田）が最高級のイチゴ・美人姫を育種し、販売を広げていった過程を紹介してきた。生産者一人でもここまでできるという実例は、多くの人に成功のヒントや勇気を与えるものだが、一般に高級果物の場合は地域ぐるみ、県ぐるみでブランド化を進めているケースがほとんどである。そうした例の一つとして、次の「第二部」で紹介するのは、石川県の取り組みである。

石川県が高級ブランド化を推進している果物は、まえがきと第一部でも触れた「ルビーロマン」。二〇一五年に金沢青果市場で「ひと房一〇〇万円」の値がついた、県内農業活性化の旗印ともいえるブドウの新品種である。

ルビーロマンは、石川県農業試験場が独自に育種し、多数の農家が栽培、農協が品質検査と出荷を担っている。そして、販売促進は県の関係部署が担当している。このように石川県では、県内の農業に携わる人や機関が役割を分担し、がっちり手を組み一丸となって、ルビーロマンのブランド確立と生産量拡大を目指して邁進《まいしん》している。

高級果物の育成と販売は、一人でやろうと、県ぐるみでやろうと、目的は同じなので、やるべきことはそう変わりない。しかし、美人姫とルビーロマンとでは、栽培面積や収穫量にしても、販促活動のスケールにしても、規模には雲泥の差がある。

たとえば、販促活動でも、ルビーロマンのお披露目会や試食販売会を大々的に開催したり、知事自らがトップセールスに東京や大阪に出向いたりしている。また、ルビーロマンを応援する市民ボランティアのサポーター制度を導入し、マーケティング・アドバイザーに外部の専門家を招いたりしている。

第二部では、美人姫との対比を念頭に置きつつ、ルビーロマンの育種、栽培、出荷基準、販促活動などの詳細について紹介する。

第二部　「ひと房一〇〇万円のブドウ」ルビーロマン

第六章　巨大な赤色ブドウを！

加賀百万石の「一〇〇万円ブドウ」

二〇一五年七月九日、石川県のブドウ「ルビーロマン」三一房が、金沢青果市場で同年の初競《はつせ》りにかけられた。そして、そのうちのひと房が過去最高額の一〇〇万円で競り落とされ、市場内は大きなどよめきに包まれた。一〇〇万円の房には二六粒がついていたので、ひと粒当たりにすると三万八四六一円。美人姫の最高級品に匹敵する金額である。

もっとも、これはいわゆる「ご祝儀相場」であり、北陸新幹線の開業の年ということもあり、値段が釣り上がったようだ。市場を通さない美人姫と違い、ルビーロマンにいつもこの値段がつくわけではないとはいえ、二〇一五年のシーズンを通して最高規格品につけられた値段は平均して八万五七〇〇円だったので、少なくとも値段に関しては日本一のブドウであることは間違いない。

ルビーロマンの初競りは、前年も話題を呼んでいた。その年は五五万円の値がついて世間をびっくりさせたが、今回はその二倍近い高値になった。

ひと房を一〇〇万円という破格値で競り落としたのは、地元のホテル日航金沢である。ここまで値が上がるとは予想していなかったようだが、どうしても手に入れたかったとのこと。訪日旅行者の激増で活況を呈するホテル業界の景気のよさを反映した出来事だったものの、ホテル側は「加賀一〇〇万石」にちなんで縁起がよいと、逆に高値を喜ぶ余裕振りだった。

「ひと房一〇〇万円のブドウ」として、一躍全国的に有名になったルビーロマンは、石川県農業試験場が独自に育種した品種である。「巨峰」の二倍もある国産品種中最大級の大《おお》玉《だま》であることに加えて、赤い色が特徴であることから「ルビー」の名がついた。一九九五年に育種に着手してから苦節一四年、ようやく二〇〇八年に金沢市場にデビューを果たした。デビュー時の初競りでは最高で一〇万円の値がつき、上々の船出となった。

ところで、「イチゴの産地」と聞いて岐阜県が思い浮かばなかったが、「ブドウの産地」で石川県の名前を挙げる人もまずいないだろう。ブドウは日本全国すべての県で栽培されている、普及率の高い人気果物だが、その中でも山梨県、長野県、山形県、岡山県が四強といったところ。二〇一四年の出荷量で比べると、石川県は全国第二五位（一〇五〇トン）に過ぎず、第一位の山梨県（四万二〇〇〇トン）の四〇分の一の規模でしかない。「石川のブドウ」は「岐阜のイチゴ」よりもっと影の薄い存在だった。

その石川県が二〇〇六年に、県農業試験場が育種した新しいブドウ品種、ルビーロマンを県の「戦略作物」に選定し、高級ブランド化戦略をスタートさせた。

しかし、なぜブドウなのか。

石川は知られざる「砂地の県」だった

石川県のブドウ、ルビーロマンを育種した県の農業試験場は、正しくは県農林総合研究センターの「砂丘地農業研究センター」という（以後、特別な場合を除いて「農業試験場」と表記）。金沢市に隣接するかほく市にあり、その名のとおり、砂丘地に適する農作物の育種や栽培の研究をしている。

砂丘地農業を研究するほど石川県に砂丘地が広がっている？　と疑問に思われるかもしれないが、じつは石川県は、日本有数の砂丘県であり、都道府県別の砂丘面積は全国で第四位。単独の砂丘を比べても、青森県の猿ヶ森《さるがもり》砂丘（別名、下北砂丘）、鳥取砂丘に次いで、石川県の内灘《うちなだ》砂丘が面積で第三位にランクインしている。

なお、鳥取砂丘より面積が広い猿ヶ森砂丘が一般にほとんど知られていないのは、ここの大半が防衛省技術研究本部の下北試験場に属し、民間人の立ち入りが制限されているからである。下北試験場では、広大な砂丘地を利用して戦車砲の射撃試験や地対空ミサイルの威力試験などが行なわれている。

日本全国には他にも、鹿児島県の吹上浜《ふきあげはま》や、静岡県の中田島《なかたじま》砂丘、千葉県の九十九里《くじゅうくり》浜など、大きな砂丘が数多く存在し、そのほとんどが海岸線に広がる海岸砂丘である。

砂丘は基本的に不毛の土地であるものの、なんとかそこで農作物を栽培できないものかと、古来、先人たちが努力を重ねてきた。その甲斐があり、現在では全国各地の砂丘地で、大根やネギ、サツマイモなどの野菜、ブドウ、メロン、スイカなどの果物がかなりな規模で生産されている。

石川県でも砂地に強い果物として、ブドウの他、スイカやメロンなどが栽培されており、これらの出荷量の全国順位は、スイカが第九位、メロンが第一〇位と、ブドウよりも上位にある。水はけのよい砂地での栽培は、果実の甘味を増してくれる。

その石川県でこれまで栽培されてきたブドウの品種は、主に「デラウェア」だった。誰もが一度ならず食べたことがあるだろう。デラウェアは茶色い小粒のブドウである。

デラウェアは米国産の品種で、日本には一八七二年に輸入された。砂地栽培に強い上に、低温でも安定して実がつきやすい性質を持っており、栽培のしやすさから、またたく間《ま》に日本中に広がった。

また、花をジベレリンという薬剤に浸《ひた》すことで、実がつきやすくなるとともに、その実が「種なし」になることから、デラウェアの種なし化が進み、以前は「種なしブドウ」の代名詞的な存在だった。多くの消費者から人気を得て、全国的に栽培が広がり、今でも一定の需要がある。

なお、ジベレリンとは、植物ホルモンの一種で、発芽や花芽の形成、果実の肥大などの生理現象に関与している。ジベレリンが花につくと、種子ができたと勘違いして実がなり、種なしになると考えられている。

デラウェア頼みからの脱却

しかし時は流れ、一九八〇年代頃から、消費者の好みがしだいに黒色の大粒品種に移っていった。「巨峰」や「ピオーネ」などである。

巨峰は、欧州産と米国産のブドウを親に持つ「石原早生《いしはらわせ》」と、欧州産の「センテニアル」を交配して生まれた品種で、一九四二年に誕生した歴史の長いブドウである。現在でも日本で最も人気のある品種の一つであり、巨峰を親とした交配種も数多く生み出されている。

その巨峰と英国産の「カノンホール・マスカット」を交配し、一九五七年に生まれたのが「ピオーネ」である。巨峰より粒が大きく、果肉はしっかりとした食感で、巨峰にマスカットのさわやかさが加わった風味を特徴としている。

二〇一三年における全国の栽培面積で比べた（生食用）ブドウの三大品種は、第一位・巨峰（約五〇一九ヘクタール）、第二位・デラウェア（約二七二〇ヘクタール）、第三位・ピオーネ（約二三九五ヘクタール）となっている。なお、第四位「キャンベル・アーリー」より下位のブドウの栽培面積は六〇〇ヘクタール以下である。キャンベル・アーリーは、一八九七年に日本に輸入された米国産の黒粒品種である。

栽培面積だけを見ると、デラウェアが今も全国的に人気の高い品種であると思うかもしれないが、栽培の縮小傾向は一九八〇年代後半から顕著になっており、これでもデラウェア栽培面積は一九八〇年の三分の一以下である。

もっとも、栽培面積の縮小はデラウェアに限らず、さらにブドウに限らず、多くの果物に共通している。その理由は、生産者の高齢化や畑の宅地化、そしてすでに述べたように、果物の消費量減少などによる。

しかし、デラウェアの落ち込みがとくに激しいことは出荷量にもはっきり現われていて、一九八〇年から一九九五年の一五年間における全国のブドウ出荷量が約二三パーセント減少したのに対して、デラウェアの出荷量はその二倍近い約四三パーセントも減ってしまった。

それに比べて、巨峰は同期間に逆に五八パーセントも出荷量を増やした。また、ブドウ全体の平均卸売価格は長期的に上昇しているにもかかわらず、デラウェアの価格は相対的に下落している。

こうした状況から、一九九〇年代には、石川県でもデラウェア偏重からの脱却が課題となっていた。二〇〇一年時点でも、石川県のブドウ栽培面積におけるデラウェアの占める割合は、およそ七七パーセントもあったのである。

もちろん、デラウェアには根強い需要が一定割合あり、栽培を全否定するわけではない。それに、長年育ててきて栽培技術が確立されているところに、たとえ一部でも新しい品種に転換するのには、大変な労力が必要であることは想像に難《かた》くない。高齢の生産者には今さら新品種の栽培をやりたくないという人もいる。

とはいえ、収益を上げたいという農家のためには、消費者ニーズの高い品種の生産に取り組まなければならない。必要性は県農業試験場も十分承知しており、巨峰の導入に挑戦したこともあった。だが、巨峰は栽培が難しく、先行する長野県や山梨県に品質的にかなわないこともあって、栽培する農家は増えなかった。

また、巨峰どうしの交配で一九六三年に生まれた「オリンピア」を栽培したこともあった。オリンピアは赤色系の品種で、巨峰よりも甘味が強く、香り高い上品な風味から「幻のブドウ」とも賞賛されているが、裂果《れっか》が激しく、栽培が難しかった。結局、ほとんどの農家が撤退した。

オリンピアは全国でも多くの産地で成功しなかったものの、オリンピアからは改良を加えた「ブラックオリンピア」や「ホワイトオリンピア」などの姉妹品種が生まれ好評を博している。

さらに石川県では、国の果樹研究所が育種した「安芸《あき》クイーン」という赤色大粒品種に取り組んだこともある。しかし、きれいな赤色にするのが難しくて断念した。安芸クイーンは両親が巨峰で、一九九三年に品種登録された。その名は、果樹研究所がある現在の東広島市安芸津《あきつ》町に由来する。

このように、石川県でも消費者の新しいニーズに対応すべく、黒色大粒品種の導入を模索してきた。しかし、残念ながらこれだという品種には出合えなかった。残る道は、理想の品種を県が自ら作り出すことだった。

一方、一九九〇年代に入って、高級ブランド作物の開発競争が激化し、すでに述べたように、育種の主役が国から都道府県の公立農業試験場へ移っていた。しかし、石川県の農業試験場ではまだ育種の実績がほとんどなく、県の上層部からも新品種を開発するようハッパをかけられていた。

そして一九九五年、ついに石川県独自の新しいブドウ品種を育成することが決まった。

黒粒×黒粒でも赤粒になる不思議

育種を開始するに当たって、どんなブドウを作るのか、生産者らが農業試験場に集まって話し合いが行われた。その結果、栽培性に優れた、赤色の大粒品種を開発することになった。

ブドウの果皮の色は、黒、赤、白（緑）の三つに大別される。そのうち、黒色系ではすでに山梨県や長野県、岡山県が大きく先行しており、同じ土俵に立つのは得策ではない。また、白（緑）色系には「シャインマスカット」があり、やはり山梨県、長野県、岡山県などが実績を上げている。シャインマスカットは国の果樹研究所が育種し、二〇〇六年に品種登録された品種で、皮ごと食べられることで人気の大粒マスカットである。

それらに比べて、赤色大粒系は全国的に見てもまだまだ生産量が少なく、参入の余地がある。赤色大粒の品種で最も普及している「赤嶺《せきれい》」でも、栽培面積は巨峰の二〇分の一以下に過ぎない。それならば、巨峰よりも大粒で、鮮やかな赤色に輝くブドウを作ろう、それが育種の目標となった。赤嶺は、米国産と日本産の交配種「甲斐路《かいじ》」の「枝変わり」品種である。

「枝変わり」とは、一本の樹のある枝だけが、成長点の遺伝子の突然変異によって、その個体とは異なる形質を持つようになる現象のこと。ひと枝の果実だけ色が変わったり、早熟・晩熟になったりするので、品種改良に利用できるのだ。枝変わりした枝を切り取って接ぎ木すれば、新しい品種を育種することができるのである。

甲斐路は赤い実をつける品種で、枝変わりで色は変わらなかったものの、実が早熟になった。そのため、赤嶺は「早生甲斐路」ともいう。

目標が「赤色大粒」に決まった次は、親にする品種選びである。県農業試験場はこれまでの栽培経験などから検討した結果、巨峰より大粒の「藤稔《ふじみのり》」に目をつけた。藤稔はピオーネと「井川《いかわ》682号」を交配してできた黒色大粒の品種で、神奈川県藤沢市の生産者が個人で育種し、一九八五年に品種登録された。井川682号は、静岡県の著名な育種家・井川秀雄《いかわひでお》氏（一八九六〜一九八五年）が生涯に育種した約一〇〇〇もの品種のうちの一つ。ピオーネも井川氏が育種した品種である。

こうして県農業試験場は育種に乗り出したのだが、美人姫の場合と違うのは、自然交配を行ったことである。「自然交配」とは、簡単に言えば、人為的なことは何もせず、自然にまかせるだけのことである。したがって、片方の親（めしべ）が藤稔であることはわかっているものの、もう片方の親（花粉）は不明である。

もっとも、たとえ両親がともに藤稔でも、種子は藤稔とは異なる遺伝子の組み合わせを持つことは、美人姫ですでに説明したとおりである。

しかし、不思議である。赤色の粒を作るために選んだはずの藤稔は、黒色の粒をつける品種である。なのに、なぜ藤稔から赤色の粒を作ろうと考えたのか。

じつは、黒色系のブドウでも、ある割合で赤い実をつけることがあるのだ。ブドウの果皮の色は、数種類のアントシアニンという色素の量によって決まり、最近の詳しい研究によると、各色素の量は二つの遺伝子領域（遺伝子座）にある、遺伝子の組み合わせによって決定されると考えられている。

黒色系のブドウでも、表面に出ないだけで、実を赤くする遺伝子が隠れている。巨峰や藤稔では、遺伝子の組み合わせがちょうど黒い実ができるタイプになっているものの、たとえ同じ品種間であっても、交配するとその種子にはさまざまな遺伝子の組み合わせが生じ、一定の確率で赤い実をつけるのだ。事実、国が育種した赤色系の安芸クイーンも、黒色の「巨峰×巨峰」の交配で誕生したものである。

じつのところ、県農業試験場では当初、藤稔の自然交配だけでなく、藤稔と別の赤色系品種との人工交配も並行して実施していた。しかし、こちらはうまく育たずに断念し、自然交配に望みを託したという経緯があった。そのため、未だルビーロマンの交配親はわかっておらず、「藤稔×不明」のままである。

なお、ブドウの着色は、遺伝子型が基本になるとはいえ、温度や光の条件などにも大きく影響を受ける。気候不順や栽培の不手際で、うまく色がつかなかったり、鮮やかさが出なかったりする。それが栽培の難しさにつながっている。

県農業試験場は、一九九四年に自然交配で得られた種子を四〇〇粒採取し、翌九五年にそれらをセルトレイに播いた。セルトレイとは、一度に多数の苗を育てるために、くぼみ（ポットという）がいっぱい並んだパネルである。

そして、セルトレイで畑に植えられる状態になるまで苗を育てたのだが、途中で枯れたり、病気にかかったりしたものを取り除き、畑に植え替えることができたのは八〇個体のみだった。

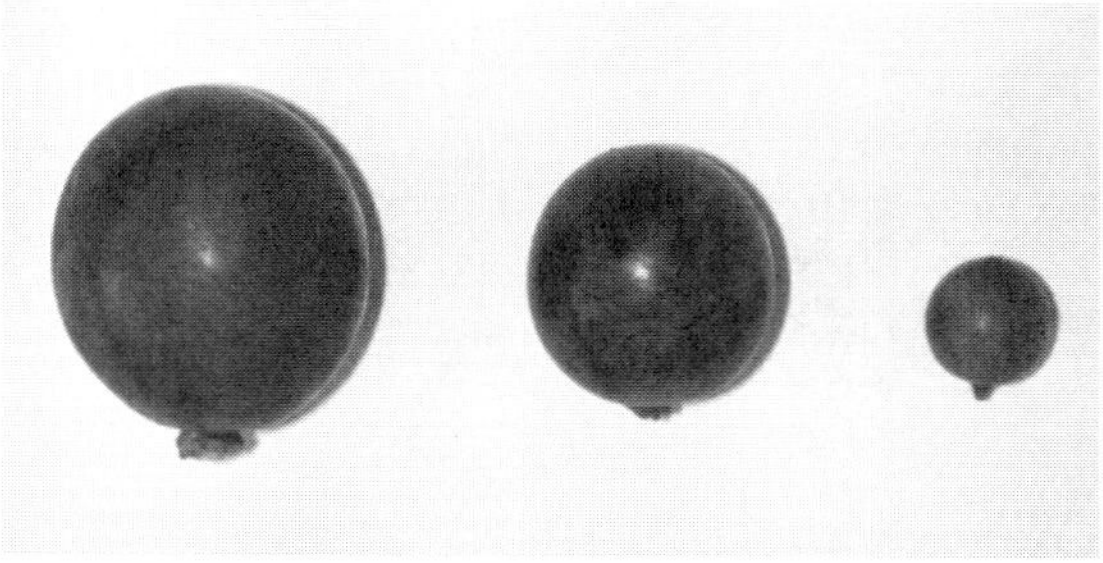
ブドウの粒の比較。左から、ルビーロマン、巨峰、デラウェア

それから二年。八〇本の樹が順調に育ち、ようやく実をつけた。ほとんどが黒い粒だったものの、四本の樹だけが真っ赤な実をつけた。最初四〇〇粒を播種《はしゅ》したので、一〇〇分の一の確率である。

しかし、初なりの実では樹が幼若《ようじゃく》すぎて、今後成長して安定的に赤い大粒がつくかどうかはわからないので、その四本を大事に育て、経過を見た。もちろん、実を食べ、食味も調べた。四本の樹はすべて順調に育ったが、その中でもとりわけ赤色が鮮やかで、粒がいちばん大きかった一本を選んだ。食味も最も優れていた。県農業試験場の担当者は、「これはすごい！」と興奮したという。

「ルビーロマン」に関係する主な動向

平成	西暦	動　向
7	1995	「藤稔」の種子 400 粒を播種
8	1996	圃場に 40 個体を定植
9	1997	初結実。生育や果実品質を基に選抜を開始
13	2001	4 個体を選抜
14	2002	品質優良な 1 個体を選抜
16	2004	名称の公募（応募総数 639 点）
16	2004	「ルビーロマン」と命名
17	2005	農林水産省へ品種登録申請
17	2005	県内 5 産地 10 戸で現地栽培試験開始 50 本
17	2005	県の「戦略作物」に選定
18	2006	ぶどう生産者による「ルビーロマン研究会」が設立。県内 5 産地 55 戸で栽培開始 130 本
18	2006	県・生産者・農協によるプロジェクトチーム「ルビーロマン倶楽部」設置
18	2006	地元市場、地元小売店等を招きお披露目会を開催
19	2007	品種登録
19	2007	サポーター募集
20	2008	ロゴマーク発表
20	2008	初競りに合わせてポスターを作成
20	2008	市場初出荷。金沢市場で初せり 48 房。最高値 1 房 10 万円
21	2009	「ルビーロマン販売督励会」、「ルビーロマンを楽しむ会 2009」を開催
22	2010	東京大田市場に初出荷。最高値は 1 房 5 万円
23	2011	昨年の東京に続き、大阪市場に初出荷。最高値は 1 房 5 万円
24	2012	出荷 5 周年式典
25	2013	生産地域に石川県七尾地区（JA 能登わかば）が加わり、6 地域に拡大
27	2015	金沢市場で初せり 31 房。最高値 1 房 100 万円
27	2015	東京市場で過去最高の 1 房 20 万円

第七章
石川県の夢と希望

ルビーロマンが県の「戦略作物」になった

二〇〇二年、赤色大粒の新品種に「ブドウ石川1号」という系統名がつけられた。石川県農業試験場としては記念すべきオリジナルブドウの第一号となった。ただ、品種として固定させるにはもう少し時間が必要で、結局品種登録の出願をしたのは二〇〇五年、品種登録がなされたのは二〇〇七年のことである。

ちなみに、ルビーロマンは石川県農業試験場が初めて育種した果物ではない。ブドウでは第一号だが、果物としての第一号はリンゴだった。リンゴの育種は一九八六年に始まり、二〇〇五年に品種登録された。その「リンゴ石川1号」は、収穫期の「秋」に「星」のように輝いてほしいという願いと、石川県出身の文豪「徳田秋声《とくだしゅうせい》」の名にちなんで、「秋星《しゅうせい》」と名づけられた。

さらに、一九九八年には梨についても初めての育種に取りかかり、そのうちの一系統が新品種「石川n1号」として二〇一四年に品種登録出願された。現在、登録決定の報を待っているところである。

登録出願と並行して、ブドウ生産者にルビーロマンを初披露したところ、それを見た有志から「作ってみたい」との申し出があった。通常、品種登録には申請から二～三年かかるので、品種登録がなされてから試験栽培を始めたのでは、市場出荷できるようになるまで時間がかかりすぎる。それに、生産者には高齢の人も多く、「生きているうちに、一日も早く夢を見たい」という切実な願いも寄せられた。

それならば、品種登録前ではあるものの、実際に農家で試験栽培を始めよう――県農業試験場は、そう決定した。

石川県には一七の地域農協があり、当時ブドウは五地区（二〇一六年現在は六地区）の約一五〇戸が栽培していた。各地区の生産部会から二人ずつ、役員クラスの栽培技術が高いベテランの生産者を選び、合計一〇人にルビーロマンの苗木を配って、試験栽培を行なった。その結果、五地区すべてで、砂地でも土畑でも、ルビーロマンが赤色大粒の実をつけることが確認された。

ルビーロマンが誕生し、試験栽培も進み出した二〇〇五年九月、石川県はルビーロマンを県の「戦略作物」に選定した。戦略作物とは、「全国的に誇れる特色ある品目として、生産から消費までの関係機関・団体が一体となった戦略的な取り組みを行なう」（石川県

HPより）作物のこと。石川県はルビーロマンの他、「加工用源助大根《げんすけだいこん》」「金時草《きんじそう》」「中島菜《なかじまな》」「能登大納言小豆《のとだいなごんあずき》」の四品目を選定している。果物ではルビーロマンだけである。

そして二〇〇六年、ブドウ生産者のうち、ルビーロマンを栽培したいと手を挙《あ》げた五地区五五戸で広域生産組合「ルビーロマン研究会」が発足した。各生産者には合計で一三〇本の苗木が配られ、ルビーロマンの本格栽培が始まった。

なお、それ以後、ルビーロマンの栽培希望者はルビーロマン研究会に入ることが条件とされ、入会すると苗木が配布される。苗は、もちろんルビーロマンの種子から育てられるわけではない。イチゴがランナーからクローンを増やしていくのに対して、ブドウでは接ぎ木でクローンが作られる。県農業試験場では、接ぎ木によって苗木を作り、一年育ててから農家に配った。

栽培マニュアルと、農家個別カルテの重要性

こうして、ルビーロマンの栽培が広がるのを受け、県農業試験場は研究結果や試験栽培のデータなどをもとに、二〇〇八年にルビーロマンの「栽培マニュアル」を作った。マニ

ュアルはルビーロマン研究会のメンバーのみに配布し、秘密厳守を徹底した。記載内容は新事実がわかるたびに書き換えられ、毎年更新された。最初の頃は加除する箇所が多すぎて、マニュアルを総取り替えしたこともあったという。

また、生産農家ごとの個別カルテも導入された。カルテはルビーロマンの生産体制と生産状況を具体的かつ一括的に把握するためのもので、カルテには生産者の基本的な個人情報や農家の労働力、栽培における良かった点や悪かった点、実のつき具合、出荷数など、細かな情報が書き込まれた。

県を挙げてのブランド作物育成では「そこまでやるのか」と驚かれるかもしれないが、他県にも同様の例があり、珍しい取り組みではないという。個別カルテはもともと酪農で行なわれてきたもので、生産者や牛の数、搾乳《さくにゅう》量などの情報が個別に記録されている。畜産農家は数が少ないので、産業の保護・育成の面で余計に必要性があり、カルテは広く普及している。ルビーロマンのカルテも、石川県農業試験場が県内で運用されている畜産農家のカルテを参考に作成している。

また、カルテには情報の引き継ぎという面もある。県農業試験場の担当者は県職員であり、公務員である限り、必ず異動や転勤がある。新しい担当者に情報を引き継ぎ、生産者への指導や施策の連続性を維持するためにも、個別カルテが有用なのである。

こうした県農業試験場と生産者ががっちりタッグを組んだ生産体制によって、ルビーロマンの生産農家は着実に増えている。石川県の全ブドウ農家一五〇戸のうち、当初五五戸だったのが、現在は一二六戸になった。ただ、この割合が一〇〇パーセントになるのは、生産者の高齢化などもあり、難しいようだ。

なお、この一二六戸もルビーロマンだけを作っているわけではなく、「デラウェア」も引き続き並行して栽培している。

「ルビーロマン」の最大の特徴は、鮮やかな赤色と、巨峰の二倍という粒の巨大さにある。もちろん味もよく、これについては当の県農業試験場が詳しい分析を行ない、有名品種一九種と比較した結果を論文で発表している。

それによると、糖度は巨峰やピオーネより高く、「ハニービーナス」、デラウェアに次いで三番目に甘かった。その一方で、酸味は六番目に低く、巨峰の七八パーセント、ピオーネの八五パーセントに過ぎなかった。

また、ブドウの香りを決める揮発成分も他品種に比べて多く、生産者が「ルビーロマンのハウス内はイチゴの香りがする」と言うほど、フルーティな香りを放っている。さらに、果汁が豊富でジューシー、果肉の皮離れがよく皮をむきやすいといった特徴もある。

「種なし」か「種あり」か、それが問題だ

ところで、読者は「種ありブドウ」と「種なしブドウ」のどちらが好きだろうか。個々に好みは分かれるだろうが、一般的には種なしブドウのほうが人気が高いようだ。では、種なしブドウがどのように作られているのかといえば、デラウェアのところで述べたように、種があるブドウをジベレリン処理をして種なしにするのが普通である。

ところが、巨峰やピオーネなどの大粒のブドウは「種あり」を作るのが難しく、ルビーロマンも同様だという。果実に種子があるのは当たり前だと思うのだが、どういうことだろうか。

果樹は受粉して種子を作らないと、果実ができない。果肉は種子が出すホルモンの作用で太るからだ。これは、雌牛が妊娠しないと牛乳を出さないのと同じである。

ところが、樹の勢い（樹勢《じゅせい》という）が強い個体は、なかなか種子を作らないのだ。自分の勢いが強いので、今あえて子孫を残そうとは思わないらしい。種子を作らないので、果実もできない。逆に樹勢が弱い樹ほど、子作りに励み、実がつきやすいという。何となく人間やその他の動物とは逆のような気もするが、とにかくそうなのだ。

しかしその半面、樹勢が弱いと種子を作っても実は大きくならない。大きい実をつけるのは樹勢が強い樹である。つまり、樹勢が弱い樹は実をつけやすいが、その実は小さい。逆に樹勢が強い樹は実をつけにくいが、つけた実は大きくなる。あちらを立てればこちらが立たず、こちらを立てればあちらが立たず、といった状況なのだ。

したがって、いかにして大きな実がたくさんつくようにするかは、とくに大粒が魅力のルビーロマン栽培において最も難しい技術の一つとなっているのである。

生産者にしてみれば、何はともあれ実がつかなければなんにもならないので、まず種子を作るのに懸命になる。そのため、例のジベレリン処理で種なしにするといった余計な作業は無視された。

ルビーロマンの試験栽培から関わった一〇戸の農家でも、最初のうちは八戸が種ありを生産しており、その後に栽培を始めた生産者でも種ありが主流だった。

だが、種ありでは基本的に実が小さい。後で述べるように、ルビーロマンの出荷基準では粒の重さが二〇グラム以上ないとだめなので、それに達せず出荷できない農家が続出し、そんな状態が何年か続いた。大粒をうまく作れないのは、長年デラウェアが主で、大粒品種の栽培経験がない人が多かったのも理由の一つである。

もっとも、大粒の実をたくさんつけることができる生産者もいた。最初の一〇戸のような腕のよい生産者は、肥料や剪定《せんてい》、温度管理などの総合的な技術に長《た》けていたり、また大粒品種の栽培経験があったりで、大粒のルビーロマンを見事に作った。県農業試験場は腕のよい生産者とともに、自らの栽培研究を加えてマニュアルを充実させていった。

そうこうしているうちに、時代は種なし人気に変わり、種ありルビーロマンを種なしにする必要に迫られた。そこでジベレリン処理を行うことになったのだが、ジベレリンには種なしにする効果の他に、実を肥大化させる作用があることがわかった。

一般に、ジベレリン処理は花が開花する前後の二回行なわれる。開花前の処理の目的は種子形成（受精）の阻害で、開花後は実の肥大化が目的である。

また、ルビーロマンでは種なしにするために、「ストレプトマイシン」を花にまく作業も行なわれている。ストレプトマイシンとは、ご承知のとおり、抗生物質の一種。結核の薬としてよく知られているが、病原菌対策として農作物にも使用されている。

ストレプトマイシンが果実を種なしにする働きがあるとわかったのは偶然で、果樹研究所が桃園にまいたところ、たまたま隣のブドウ園のブドウにもかかってしまった。すると、ブドウの種子が減ってしまったのだ。それに気づいた職員がストレプトマイシンの種なし効果を詳しく調べて、農薬登録したという話である。

なお、ジベレリンの種なし作用も、日本人研究者が実の肥大化のためにジベレリン処理をしている最中に偶然に発見したものである。

さらに、実を安定的につかせるために、ルビーロマンでは「フルメット液剤」も使用している。フルメットも植物ホルモンの一種で、着果を促進するとともに、実を肥大化させる作用がある。

このように、もともと大粒の実をつけるルビーロマンでも、着果と実の肥大化のために、かなりの手間をかけて薬剤処理を行なっている。こうした栽培技術の進歩で、現在では二戸を除いた一二四戸の農家が種なしルビーロマンの大粒を生産している。

ちなみに、薬剤（農薬）処理と聞いて、要らぬ心配を招くといけないので、蛇足ながら付け加えておくと、上記の薬剤は何も特別なものではなく、野菜や果樹に広く使用されているごく一般的なものである。また、その使用量や使用方法は残留などの心配がない、安全なレベルに管理されている。

難敵は裂果、ひび、着色不良

大きな粒を安定的につかせることに成功したものの、じつはルビーロマンにはまだ弱点があり、栽培の難しさは依然解消されていなかった。裂果《れっか》、ひび、着色不良である。どれも大粒品種のブドウが共通して直面する課題で、ルビーロマンもそれらの弱点を藤稔から受け継いだようである。

「裂果」とは、その名のとおり、果実が裂《さ》けること。その主要原因の一つが「花かす」である。花かすは花の残骸で、これが実についたままだと、果皮の表面にコルクの栓のような状態で残ってしまう。その部分は果皮が伸びないので、実が太るとパンと裂《さ》けてしまうのだ。花かすを原因とする裂果は、ルビーロマン以外の大粒品種でもよく見られる現象である。

その花かすを取り除くと裂果を軽減できることがわかり、生産者はコンプレッサーで吹き飛ばしたり、筆で払ったり、花かすを一つずつピンセットで取ったりとさまざまな方法を試したものの、うまく除去できない、あるいは時間がかかりすぎるなどで、うまくいかなかった。

その頃、果樹研究所が簡単な操作で果皮に傷をつけずに花かすがよく取れる器具を開発し、試供品として全国に配布していた。今は民間企業がそれを二個二〇〇〇円で販売しており、ルビーロマンの生産者も全員使うことにした。おかげで花かすの除去作業が楽になり、裂果は三分の一以下に減った。

とはいえ、裂果の原因は花かすだけではない。ルビーロマンは雨に弱く、雨に打たれると実が裂けやすくなる。そのためビニールハウスで栽培されているが、雨が降ると湿度が上がり、地面からも水蒸気が上がってくるので、その影響はどうしても避けられない。裂果との闘いはまだ続いている。

一方、果皮に入る「ひび」は、裂果と違って実が裂けるわけではなく、果皮表面だけの別の現象である。しかし、ひびが入ったブドウは見た目が汚らしく、商品価値を著しく下げるため、ルビーロマンの規格ではけっして房出荷できない。

ひびに関しては、通常二回行なうジベレリン処理の間隔を短くし、二回目を果粒が小さいうちに行なうことで減らせることが、以前の研究で判明していた。ところが、処理の際にジベレリンに加える薬剤の量を変えて、処理を一回にすると、ひびがさらに減り、にもかかわらず実の肥大化にはほとんど影響しないことを石川県農業試験場が発見したのだ。さっそく、農業試験場はジベレリン一回処理を推奨し、現在ひびの問題はほとんど解決している。

そして、最後に残っているのが、いちばんの難題という「着色不良」である。ルビーロマンの二大特徴の一つ、鮮やかな赤色がうまくつかないという問題だ。着色が光条件に左右されることから、対策として、房にかける白い袋を透明に変えてみたところ、だいぶ改善されたという。

しかし、着色は温度条件にも左右され、気温が高いと良い色が出ない。雨で裂果が生じやすいのと同様、着色不良も自然条件に左右される現象のため、完全な解決は困難だが、地道に解決に向けての研究が続けられている。

厳しすぎる出荷基準を、なぜ採用したか

ルビーロマンの栽培の難しさは、栽培農家のうち房出荷できた戸数の割合が物語っている。直近の二〇一五年シーズンでは、栽培農家一二六戸のうち、出荷できたのは約六一パーセント（七七戸）に過ぎなかったのだ。ただし、生産者の中にはルビーロマンを植えたばかりでまだ樹が若いケースや、高齢なので記念で植えただけの人などもいて、残り四九戸が皆「頑張ったけど良い房ができなかった」というわけではない。

しかし、ルビーロマンの品質基準が非常に厳しいということも、栽培の難しさに加えて、出荷数に圧力をかけていることは間違いない。ルビーロマンは、最低でもひと粒ひと粒が二〇グラム（粒径三一ミリ）以上ないと房出荷できない。巨峰の粒が一〇～一二グラムほどなので、その約二倍の重さがないと、房出荷させてもらえないのだ。

甘さにも明確な基準が設けられており、糖度一八度以上が出荷条件となっている。さら

に、鮮やかな赤色もルビーロマンの売りの一つなので、県農業試験場が専用に作ったカラーチャートと照合され、判定される。

以上だけでもかなり厳しい基準と言えるが、房の見た目も重要視される。裂果やひびが入った粒が一つでもある房は問題外だが、粒と粒が離れてすきまがある房も、間の抜けた感じがするので弾《はじ》かれ、粒が密集して見栄えの良いものしか出荷されないのだ。

こうした基準をもとに、ルビーロマンには「秀」「特秀」「プレミアム」の三つの規格が設けられている。

上記の基本品質基準を満たし、商品性が認められたものは「秀」、「秀」に比べて着色・粒揃いが良好で、房の形が優れているものは「特秀」にランクされる。ただし、「秀」と「特秀」のうち、粒の重さが概《おおむ》ね三〇グラム以上あるものは「G」グレードと評価されるので、実質的に規格は五段階になる。

そして、トップグレードである「プレミアム」には、粒の重さがすべて三〇グラム以上で、房全体の重さが七〇〇グラム以上あり、かつ品質・外観とも「特秀」より優れたものだけが選ばれる。

これらの規格は、じつは生産者たちが話し合って自ら設定したもので、ルビーロマンの高級ブランド化が県や農協の意向というより、生産者の強い意思で進められていることの証左《しょうさ》と言える。

ルビーロマンの出荷に当たって、規格に適合しているかどうかの検査は農協が担当している。二〇一五年シーズンに房出荷した農家の割合が六一パーセントだったことはすでに述べたが、出荷房数で見ると、生産された房数のうち出荷できた割合は四三パーセント(一万七七五〇房)とさらに低くなっている。

とくに最高グレードである「プレミアム」のハードルは非常に高く、これも先述したように、二〇一五年はシーズンを通して、石川県全体(出荷農家七七戸)で、わずか七房しか出荷されなかった。しかも出荷できたこと自体が四年ぶりのことで、二〇一二〜一四年と三年続けて「プレミアム」の出荷数がゼロという難しさである。

しかし、この規格基準の厳しさこそが高級ブランドとしての地位を確固たるものにしているといえる。

おかげで、ルビーロマンはつねに高値で取引されており、二〇一五年のひと房の平均競り値は、すべての等級の房を平均すると六九三六円だった。そして、販売総額が初めて一億円を突破した。なお、この金額は、地元金沢市場に加えて、二〇一〇年から出荷を始めた東京市場と、翌一一年から始まった大阪の市場での競り値をすべて合わせた平均価格である。

ただ、全体として房出荷される量はまだ非常に少なく、人気はあるのに、需要に供給が追いつかない状態が続いている。

ついでに、毎年初競り（金沢市場）の際の最高値、いわゆるご祝儀相場も話題になるので、ルビーロマンが市場デビューした二〇〇八年から各年の最高金額を列挙しておくと、一〇万円、二一万円、二〇万円、五〇万円、三〇万円、四〇万円、五五万円、そして二〇一五年が一〇〇万円となっている。

以上のように、ルビーロマンの競り値が順調に推移していることもあり、出荷農家数も出荷房数もまだ少ないとはいえ、着実に増加してきた。「ルビーロマンの売上だけで一〇〇〇万円を超えた農家が、今年（二〇一五年）初めて二戸出た」という。

その半面、依然として出荷できない房も多い。二〇一五年の生産房数に占める出荷房数の割合が四三パーセントだったということは、生産された房のうち半数以上の五七パーセントが出荷できなかったことになる。生産者にとっては、せっかく作ったにもかかわらず出荷できなかった作物はゴミになるので、最大の損失である。出荷率の低さは、ルビーロマンを栽培する上でつねに不安要素となっている。

その対策として、農協は出荷できなかったルビーロマンを、美人姫同様、業務用と加工用の二通りに分けて販売している。まず、粒の重さが二〇グラム以上あり、糖度も色も基準をクリアしているものの、見栄えが良くないために「秀」に選ばれなかった房。これは房出荷はできないものの、粒に問題はないので、粒をそのまま使うデザートやスイーツなどの業務用として販売している。ただし、誰でも買えるわけではなく、販売先は農協が許可した業者のみである。

一方、粒は小さいけれど、糖度を満たしているものについては、「加工品認定制度」を設け、加工用途に限定して販売している。現在、七社一一品目が認定されており、ルビーロマンを原材料にしたジャム、ケーキ、ジュレ、リキュールなどが製造販売されている。

県ぐるみのセールスプロモーション

二〇〇五年にルビーロマンを「戦略作物」に決めた石川県で、翌二〇〇六年に県と生産者、農協が参加したプロジェクトチーム「ルビーロマン倶楽部」が立ち上がった。

ルビーロマン倶楽部では、生産者が生産と収穫を担当し、県（農業試験場とその他関係部署）が栽培技術研究と販売支援、農協（六地域の農協と全農いしかわ）が集出荷と品質検査、販売計画の作成などを受け持っている。また、ルビーロマンの高級ブランド化に向けて、戦略的助言を受けるために、民間の専門家にもアドバイザー就任を依頼した。

さらに、県知事も自らトップセールスに市場や販売店に出向くなど、県の総力を挙げてルビーロマンの生産・販売・高級ブランド化を推し進めている。

プロジェクトチームがこれまで行なってきた販売促進策は、まさにあの手この手といった感じで、非常に多岐にわたる。奥田一人で何でもやってきた美人姫とは、まるでスケールが違う。これまで実施されてきたルビーロマンのセールスプロモーション手法をざっと紹介しよう。

まず、「ルビーロマン」という名称は、品種登録の申請をする前年の二〇〇四年に、新品種のブドウをたくさんの人に知ってもらい、愛着を持たれるよう、全国から公募して決められた。応募総数は六三九点。その中から、赤い「艶《つや》やかな色彩と大きさにロマンが感じられ、県民に親しまれやすい」という理由から「ルビーロマン」に決定した。

二〇〇七年には、ルビーロマンの「サポーター」の募集を開始した。サポーターは一般県民の無償ボランティアで、ルビーロマンの魅力や情報を周囲の人たちに伝えるなどの支援活動をする。サポーターは研修会に参加してルビーロマンの栽培状況を観察したり、専門家の話を聞いて知識を習得したりしている。

サポーターの中に地元ジャズバンドのメンバーがいて、ルビーロマンの唄『ルビーロマン・ロマン』を作ってくれるといううれしい応援もあった。曲は「ルビーロマン倶楽部」のホームページで聴くことができる。

近年は、以上のような販促・PR活動は、どこの自治体でも大なり小なりやっており、「サポーター」制度にしても、果物に限らず、採用している自治体が増えてきている。とはいえ、農作物の単一の品種を応援するサポーターが組織されるのは、石川県以外ほとんど例がない。

そして、二〇〇八年、ついに市場への初出荷・初競りの日を迎え、事前に統一ロゴマークとイメージポスターを発表した。ロゴマークは、贈答用箱や品質認証タグなどに使用され、ブランドの定着に利用されている。

こうした施策を次々に繰り出す一方で、地元市場関係者や小売店を招いたルビーロマンのお披露目会を開いたり、「ルビーロマンを楽しむ会」「販売督励会」などを開催したりして、積極的にPRに努めている。

ただし、「ルビーロマン娘」とか「ミス・ルビーロマン」とかのキャンペーンガールを募集する予定はまだないらしい。だがその代わり、金沢市の観光親善大使として活躍している「ミス百万石」が、トップセールスに参加し、花を添えている。

ルビーロマンは、一部の例外を除いて、百貨店か高級果物商でしか販売していない。当面は量販店に流すことはしないという。今でも出荷数が足りない状況で量販店に回す余裕がないこともあるが、いちばんの理由は値崩れを防止するためである。高級ブランドのイメージをあくまで守っていくつもりだ。

ルビーロマンの海外輸出に関しては、美人姫と同じく、現時点では積極的に動いていない。ただごく少量ながら、仲卸がシンガポールやドバイに輸出した事例があり、好評だったという。中国では赤が縁起の良い色ということで、セレブな中国人観光客が日本で五万円、一〇万円のルビーロマンを買っていくことも多いというから、近い将来ルビーロマンがどんどん輸出されることは間違いないだろう。県では、将来の輸出に向け、長期の鮮度保持などの技術開発に取り組み始めている。

石川県の戦略作物に選ばれたルビーロマンは、県内農業活性化の旗頭、夢と希望の星とも言える。栽培にはまだ技術的課題が残っているものの、生産量・出荷量は着実に伸びている。農家、県、農協が力を合わせることで、この先も成功への道を進んでいくだろう。

切りとり線

★読者のみなさまにお願い

この本をお読みになって、どんな感想をお持ちでしょうか。祥伝社のホームページから書評をお送りいただけたら、ありがたく存じます。今後の企画の参考にさせていただきます。また、次ページの原稿用紙を切り取り、左記まで郵送していただいても結構です。

お寄せいただいた書評は、ご了解のうえ新聞・雑誌などを通じて紹介させていただくこともあります。採用の場合は、特製図書カードを差しあげます。

なお、ご記入いただいたお名前、ご住所、ご連絡先等は、書評紹介の事前了解、謝礼のお届け以外の目的で利用することはありません。また、それらの情報を6カ月を越えて保管することもありません。

〒101-8701（お手紙は郵便番号だけで届きます）
祥伝社新書編集部
電話03（3265）2310

祥伝社ホームページ　http://www.shodensha.co.jp/bookreview/

★本書の購買動機（新聞名か雑誌名、あるいは○をつけてください）

＿＿＿＿新聞の広告を見て	＿＿＿＿誌の広告を見て	＿＿＿＿新聞の書評を見て	＿＿＿＿誌の書評を見て	書店で見かけて	知人のすすめで

★100字書評……「ひと粒五万円!」世界一のイチゴの秘密

名前

住所

年齢

職業

白石 拓　しらいし・たく

1959年、愛媛県生まれ。京都大学工学部卒業。科学ジャーナリスト。物理、化学、工学、統計学と幅広いジャンルで活躍。「人生と幸福」をテーマにノンフィクション作品も多く、わかりやすい叙述に定評がある。『薬指でわかる遺伝子の暗号』『医師の正義』『地球46億年目の新発見』『浦島太郎は、なぜ年をとらなかったか』(共著)など、著書多数。

「ひと粒五万円!」世界一のイチゴの秘密

白石《しらいし》 拓《たく》

2016年6月10日　初版第1刷発行

発行者……………辻 浩明
発行所……………祥伝社《しょうでんしゃ》
〒101-8701　東京都千代田区神田神保町3-3
電話　03(3265)2081(販売部)
電話　03(3265)2310(編集部)
電話　03(3265)3622(業務部)
ホームページ　http://www.shodensha.co.jp/

装丁者……………盛川和洋
印刷所……………萩原印刷
製本所……………ナショナル製本

Printed in Japan　ISBN978-4-396-11470-1　C0261

〈祥伝社新書〉
いかにして「学ぶ」か

360
なぜ受験勉強は人生に役立つのか
教育学者と中学受験のプロによる白熱の対論。頭のいい子の育て方ほか
明治大学教授 齋藤 孝
家庭教師 西村則康《のりやす》

339
笑うに笑えない大学の惨状
名前を書けば合格、小学校の算数を教える……それでも子どもを行かせますか？
大学通信常務取締役 安田賢治

312
一生モノの英語勉強法
「理系的」学習システムのすすめ
京大人気教授とカリスマ予備校教師が教える、必ず英語ができるようになる方法
京都大学教授 鎌田浩毅
研伸館講師 吉田明宏

331
7カ国語をモノにした人の勉強法
言葉のしくみがわかれば、語学は上達する。語学学習のヒントが満載
慶應義塾大学講師 橋本陽介

420
知性とは何か
日本を蝕む「反知性主義」に負けない強靭な知性を身につけるには
作家 佐藤 優